التحديات العالمية والحلول: نظرة شاملة

"الأولويات العالمية: مواجهة التحديات الحرجة من أجل عالم أفضل"

By Kevin James Joseph McNamara

Published By Kevin James Joseph McNamara

As always, the advice of a competent professional should be sought. The author and publisher do not warrant the performance, effectiveness or applicability of any sites listed or linked to in this eBook. All links are for information purposes only and are not warranted for content, accuracy or any other implied or explicit purpose.

التحديات العالمية والحلول: نظرة شاملة "الأولويات العالمية: مواجهة التحديات الحرجة من أجل عالم أفضل"

بـقلم كيفين جيمس جوزيف ماكنامارا

ملاحظة المؤلف: غرض هذا الكتاب هو تيسير الحوار المعنوي وتحفيز الإجراءات الملموسة بشأن المواضيع المُناقشة في صفحاته. هدفي هو تقديم مصدر شامل لا يُثري القراء فقط ولكنه يشجعهم أيضًا على المشاركة في التفكير العميق والخطوات الفعّالة نحو التعامل مع المشاكل المُطروحة.

إلى المجتمع العالمي: يُكرَّس هذا الكتاب، "الأولويات العالمية: مواجهة التحديات الحرجة من أجل عالم أفضل"، لكل فرد عبر كوكبنا المتنوع والدينامي. إنه موجَّه للحالمين، والفكَّار، والفاعلين، والمؤمنين؛ لأولئك الذين يواجهون هذه التحديات يوميًا وأولئك الذين يسعون للقيام بفرق. إلى العقول الشابة التي سترث هذا العالم، نأمل أن تجدوا الإلهام في هذه الصفحات لصياغة مستقبل أفضل. إلى القادة وصناع السياسات، نأمل أن يكون هذا العمل بمثابة بوصلة توجيه قراراتكم نحو الخير العام. إلى الناشطين والمدافعين، نأمل أن تردد كلمات هذا الكتاب شغفكم وتعزِّز صوتكم. إلى المعلمين والمربين، نأمل أن يكون هذا الكتاب مصدرًا يشعل الفضول ويعزز الفهم بين طلابكم. إلى الباحثين والعلماء، نأمل أن تقدم هذه المقالات رؤى وتشجيعًا للتعاون في سعيكم للعثور على الحلول. إلى الأبطال اليوميين في كل ركن من أركان العالم، أولئك الذين يعملون بصمت ولكن بجدٍّ من أجل التغيير، يعترف هذا الكتاب بجهودكم ويقف بجانبكم بالتضامن. "التحديات العالمية والحلول"

ليس مجرد مجموعة من المقالات؛ إنه نداء للعمل، ومصباحًا من الأمل، وشهادة على قوة الجهد المشترك. معًا، من خلال الفهم والتعاطف والاستمرار، يمكننا مواجهة المسائل العاجلة في عصرنا ووضع الأسس لعالم مستدام وعادل ومتناغم للجميع. مع الأمل والإصرار، كيفين جيمس جوزيف ماكنامارا

مقدمة:

في عصر مميز بالتطور التكنولوجي السريع والأزمات البيئية والمشهد الجيوسياسي المتغير، يواجه عالمنا مجموعة من التحديات المعقدة. من الحاجة الملحة لمعالجة تغير المناخ والاستدامة البيئية إلى تفاصيل العلاقات العالمية والحفاظ على السلام، تتطلب كل مشكلة فهمًا معقَّدًا وجهدًا مشتركًا. تهدف هذه المجموعة من المقالات، "التحديات العالمية والحلول"، إلى تقديم نظرة شاملة على عشرين مشكلة عالمية حرجة، تستكشف تفاصيلها وتأثيراتها والحلول المحتملة.

بينما نتعمق في مواضيع مثل الأوبئة والاستعداد الصحي، نُذكِّر بالترابط لدينا كمجتمع عالمي وأهمية العمل المشترك في مواجهة الأزمات الصحية العامة. تسلط المقالات على مواضيع مثل التفاوت الاقتصادي والحد من الفقر، والتعليم والتعلم مدى الحياة، الضوء على الدور الأساسي للوصول العادل والجودة في تشكيل مجتمع عادل وازدهاره.

في مناقشة قضايا عاجلة مثل الحفاظ على الثقافة والمساعدات الإنسانية، وأزمة اللاجئين، تسلِّط هذه المقالات الضوء على الضرورات الأخلاقية التي توجه استجابتنا لاحتياجات الإنسان والتراث الثقافي. استكشاف الفضاء والاستكشاف المستدام يطرح أسئلة فلسفية حول أولوياتنا ومسؤولياتنا، سواء على الأرض أو خارجها.

يُقدم كل مقال نافذةً على تعقيدات هذه التحديات العالمية، ويقدم رؤى حول كيفية تنقلنا حول هذه المشاكل بحكمة وتعاطف وفعالية. الهدف ليس فقط التوعية ولكن أيضًا تحفيز العمل والتعاون بين صناع السياسات والخبراء والمواطنين في جميع أنحاء العالم. في مواجهة هذه التحديات، ستكون جهودنا الجماعية، وفهمنا، وتعاطفنا هي المفتاح لصياغة مستقبل قائم على الصمود والاستدامة للجميع.

المقالة 1. التغير المناخي والاستدامة البيئية: توجيه المستقبل معًا

المقدمة:

التغير المناخي، التهديد القائم على وجودنا في هذا العصر، يُطرح تحديًا حقيقيًا للحياة على كوكب الأرض. هذه الحالة الطارئة عالمية النطاق تتجاوز الحدود، وتؤثر على جميع الدول وأجيال المستقبل. ونحن نقف في منعطف مهم، فإن الحاجة إلى معالجة هذه المشكلة لم تكن أكبر من ذلك أبدًا. الاستدامة البيئية تشكل الركيزة الأساسية لاستجابتنا، مما يستدعي الجهود الفورية والموحدة على الصعيدين الوطني والعالمي. تستكشف هذه المقالة الطبيعة متعددة الأوجه للتغير المناخي والخطوات الحاسمة المطلوبة للحفاظ على البيئة.

فهم التغير المناخي:

التغير المناخي، الذي يُدفع أساسًا بواسطة الأنشطة البشرية، أدى إلى تغييرات غير مسبوقة في أنظمة المناخ على كوكبنا. حرق الوقود الأحفوري والتصحر والعمليات الصناعية زادت بشكل كبير من انبعاثات الغازات الدفيئة، مما أدى إلى الاحتباس الحراري العالمي. وتشمل العواقب تصاعد مستويات سطح البحر وحدوث حوادث جوية شديدة وفقدان التنوع البيولوجي وانقطاعات اجتماعية واقتصادية. فهم العلم وراء هذه التغييرات أمر بالغ الأهمية لصياغة السياسات الفعالة وزيادة الوعي العام.

:دور التعاون الدولي

التغير المناخي هو تحدي عالمي يتطلب التعاون الدولي. اتفاق باريس، المعاهدة الرئيسية، تجسد مثل هذا التعاون، حيث تعيّن أهدافًا جريئة للحد من ارتفاع درجات الحرارة العالمي. ومع ذلك، التنفيذ الفعّال لا يزال تحديًا. على الدول أن تتجاوز العقبات السياسية والاقتصادية، وأن تشترك في مشاركة التكنولوجيا والموارد والمعرفة. الدول النامية، التي غالبًا ما تكون الأكثر عرضة لتأثيرات التغير المناخي، تحتاج إلى الدعم للتكيف والانتقال إلى ممارسات مستدامة. التعاون الدولي ليس مجرد واجب أخلاقي وإنما ضرورة عملية للمستقبل المستدام.

:الابتكارات التكنولوجية والممارسات المستدامة

الابتكارات التكنولوجية تلعب دورًا حاسمًا في مكافحة التغير المناخي. مصادر الطاقة المتجددة مثل الطاقة الشمسية والرياح والهيدروكربونات تقدم بدائل ممكنة للوقود الأحفوري. التقدم في تخزين البطاريات، والمركبات الكهربائية، وممارسات الطاقة الفعالة أمور مهمة أيضًا. ومع ذلك، التكنولوجيا وحدها لا تكفي. الممارسات المستدامة في الزراعة وإدارة النفايات وتخطيط المدن مهمة بالمثل. اعتماد اقتصاد دائري، حيث يتم تقليل النفايات وإعادة استخدام الموارد، يمكن أن يقلل بشكل كبير من أثرنا البيئي.

:المسؤولية الشخصية وتغييرات نمط الحياة

إن الأفعال الفردية، على الرغم من بساطتها، تؤثر بشكل كبير عند تجميعها. تغييرات نمط الحياة مثل تقليل استهلاك اللحوم، واستخدام وسائل النقل العامة، وتوفير الطاقة تساهم في تقليل الأثر الكربوني. التثقيف وتمكين الأفراد لاتخاذ قرارات مدروسة بيئيًا ضروري. التزام كل شخص بالاستدامة يمكن أن يؤثر على القواعد الاجتماعية الأوسع ويؤدي إلى تعزيز ممارسات الحفاظ على البيئة.

:السياسة والحكم

الحكم الفعّال أمر بالغ الأهمية في مواجهة التغير المناخي. يجب على الحكومات أن تصدر وتنفذ سياسات تعزز الاستدامة البيئية. ويشمل ذلك لوائح الانبعاثات،

والحوافز لاستخدام الطاقة المتجددة، والاستثمارات في البنية التحتية الخضراء. يجب على صانعي السياسات موازنة النمو الاقتصادي مع حماية البيئة، مضمونين أن التنمية مستدامة وعادلة. دمج الاعتبارات المناخية في جميع مجالات الحكم أمر بالغ الأهمية لنهج شامل للاستدامة.

الاستنتاج:

تحدي التغير المناخي أمر مرهق، لكنه ليس غير قابل للتجاوز. إنه يتطلب جهدًا جماعيًا من الهيئات الدولية والحكومات الوطنية والشركات والمجتمعات والأفراد. من خلال اعتماد التكنولوجيا والممارسات والسياسات المستدامة، يمكننا التخفيف من آثار التغير المناخي ووضع الأسس لمستقبل مستدام ومتين. الوقت للعمل هو الآن، وكل إجراء يلعب دورًا في تشكيل عالم مستدام للأجيال الحالية والمستقبلية.

المقالة 2. الجوائح والاستعداد الصحي: تعزيز أمن الصحة العالمي
المقدمة:

أبرزت الجائحة الحالية لفيروس كوفيد-19 بشكل واضح الحاجة الحرجة إلى أمن صحة عالمي قوي والاستعداد للأزمات الصحية. كعالم معقد ومتصل بشكل وثيق، لم تكن هشاشتنا أمام الأمراض المعدية التي تنتشر بسرعة أكثر وضوحًا من ذلك. تستكشف هذه المقالة الدروس المستفادة من جائحة كوفيد-19 وتوضح استراتيجيات لتعزيز الاستعداد والاستجابة لأزمات الصحة المستقبلية، مؤكدة أهمية التعاون العالمي والابتكار العلمي وبنية الصحة العامة.

فهم الجوائح:

الجوائح، مثل كوفيد-19، تنشأ من طرفيات تنتشر على نطاق واسع عبر البلدان والقارات، مسببة معدلات مرضية ووفيات كبيرة. العوامل التي تسهم في ظهور الجوائح تتضمن السفر العالمي، والتمدين، والاضطرابات البيئية، وتغير المناخ. فهم ديناميات الجوائح أمر بالغ الأهمية لتطوير استراتيجيات فعالة للوقاية والسيطرة. وهذا يتطلب نهجًا متعدد التخصصات يدمج رؤى من علم الوبائيات وعلم الفيروسات والصحة العامة والعلوم الاجتماعية.

أمن الصحة العالمي والتعاون:

أمن الصحة العالمي لا يعتمد إلا على قوة أضعف حلقة فيه. كشفت جائحة كوفيد-19 عن ثغرات في حوكمة الصحة العالمية والتنسيق. تعزيز اللوائح الدولية للصحة وتحسين أنظمة المراقبة العالمية أمر ضروري. تلعب هيئات دولية مثل منظمة الصحة العالمية دورًا حاسمًا، لكن فعاليتها تعتمد على تعاون وشفافية الدول الأعضاء. مشاركة المعلومات والموارد والخبرة أمر ضروري للكشف المبكر والاستجابة السريعة لحالات الطوارئ الصحية.

الأنظمة الصحية والبنية التحتية:

الأنظمة الصحية القوية هي الخط الأول للدفاع ضد الجوائح. كشفت جائحة كوفيد-19 عن نقائص في البنية التحتية الصحية في جميع أنحاء العالم، من الأنظمة الصحية العامة ذات التمويل الضعيف إلى عدم المساواة في الوصول إلى الرعاية الصحية. تعزيز الأنظمة الصحية يتضمن الاستثمار في قوى العمل الصحي، والمرافق، والتكنولوجيا. كما يتطلب بناء قدرة لأداء وظائف الصحة العامة مثل المراقبة، والاختبار، وتتبع الاتصالات. أنظمة الرعاية الصحية المستعدة هي السبيل للتخفيف من تأثير الجوائح.

البحث العلمي وتطوير اللقاحات:

تطور سريع لقاحات كوفيد-19 هو دليل على قوة البحث العلمي. يجب أن يولي استعداد مستقبل الجوائح أولوية للبحث والتطوير في علم

الفيروسات وعلم المناعة وعلوم الصيدلة. تعزيز الخط الزمني لتطوير اللقاح، من البحث إلى الموافقة التنظيمية، أمر بالغ الأهمية. علاوة على ذلك، ضمان الوصول العادل للقاحات والعلاجات هو واجب أخلاقي وضرورة استراتيجية للسيطرة على الجوائح عالميًا.

التوعية العامة ومشاركة المجتمع:

الاستجابة الفعالة للجوائح تتطلب فهمًا وتعاونًا عامًا. يمكن أن تعرقل الإشاعات وعدم الثقة جهود السيطرة، كما حدث خلال جائحة كوفيد-19. يجب أن تكون الرسائل الصحية العامة واضحة ومتسقة وحساسة ثقافيًا. مشاركة المجتمع في جهود الاستعداد والاستجابة، من خلال التعليم والنهج المشارك، تعزز من المرونة والامتثال لتدابير الصحة العامة.

السياسة والحكم:

استعداد الجوائح يتطلب إرادة سياسية قوية وحكمًا. يجب على الحكومات وضع وتنفيذ خطط استعداد شاملة للجوائح، ودمجها في أطر الأمانة الوطنية. يجب أن تعالج السياسات ليس فقط الرعاية الصحية ولكن أيضًا الآثار الاقتصادية والاجتماعية والتعليمية. التعاون الدولي في صنع السياسات، بما في ذلك آليات التمويل لأمن الصحة العالمي، أمر بالغ الأهمية. النهج الحكومي الشامل والنهج الاجتماعي الشامل هما مفتاح الاستجابة الفعّالة للجوائح.

الاستنتاج:

جائحة كوفيد-19 كانت مفعولًا صاعقًا، تؤكد على الحاجة الحرجة للاستعداد الصحي العالمي. نحن بحاجة إلى الاستفادة من هذه الخبرة وتعزيز قدرتنا الجماعية على منع واكتشاف والاستجابة للأزمات الصحية في المستقبل. التعاون العالمي، والاستثمار في الأنظمة الصحية، والابتكار العلمي، ومشاركة المجتمع هم أركان الاستعداد الفعّال للجوائح. معًا، يمكننا بناء عالمًا أكثر أمانًا وصحة، ومرونة أمام الجوائح في المستقبل.

المقالة 3. العلاقات العالمية وحفظ السلام: تربية الدبلوماسية والتعاون في عالم مليء بالنزاعات

المقدمة:

في عالم مليء بالنزاعات الإقليمية والتوترات الجيوسياسية، يعتبر السعي إلى الدبلوماسية والسلام والتعاون أكثر أهمية من أي وقت مضى. تستكشف هذه المقالة تعقيدات العلاقات العالمية والدور الأساسي لحفظ السلام في الحفاظ على الاستقرار الدولي. إنها تؤكد على ضرورة الجهود الدبلوماسية التعاونية، وأهمية القانون الدولي والمنظمات الدولية، والتحديات والفرص في مجال جهود حفظ السلام.

مشهد العلاقات العالمية:

تتسم العلاقات العالمية بتداخل معقد من العوامل السياسية والاقتصادية والثقافية. في عصر العولمة، غالبًا ما تكون النزاعات الإقليمية لها تأثيرات بعيدة

المدى، تؤثر على السلام والأمان العالميين. فهم هذه الديناميات بالغ الأهمية
للدبلوماسية الفعّالة. ارتفاع قوى جديدة، وتحول التحالفات، وارتفاع مشاعر القومية
مرة أخرى يعقد المشهد العالمي، مما يستلزم استراتيجيات دبلوماسية دقيقة ومتكيفة.

الدبلوماسية في العمل:
الدبلوماسية تظل الأداة الأساسية لحل النزاعات وبناء التعاون الدولي. تشمل
التفاوض والحوار والتسوية، مسعى للعثور على حلول سلمية للنزاعات. الدبلوماسية
الفعّالة تتطلب فهمًا لوجهات نظر مختلفة، والحساسيات الثقافية، والمصالح
الاستراتيجية. في الأوقات الأخيرة، نشأت الدبلوماسية الرقمية والدبلوماسية العامة
كجوانب مهمة، تستغل التكنولوجيا ووسائل الإعلام للتفاعل مع جماهير أوسع
وتأثير الرأي العام على الصعيدين المحلي والعالمي.

دور المنظمات الدولية:
المنظمات الدولية تلعب دورًا حاسمًا في تعزيز السلام العالمي والتعاون. الأمم
المتحدة، مع وكالاتها المختلفة، هي في طليعة جهود حفظ السلام وحل النزاعات.
المنظمات الإقليمية الأخرى مثل الاتحاد الأوروبي والاتحاد الأفريقي ورابطة دول
جنوب شرق آسيا تسهم في الاستقرار والتعاون الإقليمي. توفر هذه المنظمات
منصات للحوار، وتفرض معايير دولية، وتيسر العمل الجماعي في حالات
الأزمات.

التحديات في حفظ السلام:
يواجه حفظ السلام العديد من التحديات في عصرنا الحالي. تشمل هذه التحديات
الموارد المحدودة، والتوجيهات المعقدة، وبيئات النزاع المتنوعة. غالبًا ما يعمل
حفظة السلام في ظروف خطيرة، حيث يتعاملون مع أطراف غير حكومية وحروب
غير متماثلة. التوازن بين الحياد والتدخل الفعّال، وضمان سلامة المدنيين، وتجاوز
القيود السياسية هي تحديات مستمرة. تكييف استراتيجيات حفظ السلام مع ديناميات
النزاع المتطورة أمر أساسي لنجاحها.

تعزيز السلام من خلال التنمية وحقوق الإنسان:
إن السلام المستدام مرتبط بشكل وثيق بالتنمية واحترام حقوق الإنسان. إن
معالجة أسباب النزاع، مثل الفقر وعدم المساواة وانتهاكات حقوق الإنسان، أمر
بالغ الأهمية. تستهدف المبادرات التنموية التركيز على التعليم والرعاية الصحية
والفرص الاقتصادية للتخفيف من العوامل التي تزيد من حدوث النزاع. الالتزام
بحقوق الإنسان والعدالة، من خلال آليات المساءلة ودعم المؤسسات الديمقراطية،
أمر بالغ الأهمية في بناء مجتمعات سلمية.

مستقبل حفظ السلام العالمي:

مستقبل حفظ السلام العالمي يكمن في تعزيز التعاون الدولي، ودمج التقدم التكنولوجي، وتعزيز النهج الشاملة. تعزيز قدرة المنظمات الدولية، وتعزيز الشراكات الإقليمية، والتفاعل مع الأطراف غير الحكومية هي استراتيجيات رئيسية. تضمين التكنولوجيا، مثل الطائرات بدون طيار والمراقبة الرقمية، يمكن أن يعزز من الوعي بالوضع والفعالية التشغيلية. العمليات الشاملة للسلام، التي تشمل النساء والشباب والفئات المهمشة، تضمن نتائج أكثر استدامة وعدالة في مجال السلام.

الاستنتاج:

في عالم يستمر فيه النزاعات الإقليمية والتوترات الجيوسياسية، تعزيز الدبلوماسية والسلام والتعاون أمر بالغ الأهمية. التحديات هي كبيرة، ولكن الالتزام بحل النزاعات بشكل سلمي يجب أن يظل ثابتًا. من خلال الجهود المشتركة في مجال الدبلوماسية، وحفظ السلام الفعّال، والالتزام بالتنمية وحقوق الإنسان، يمكن تحقيق نظام عالمي أكثر استقرارًا وسلامًا. الطريق إلى السلام هو رحلة جماعية، تتطلب تعاون وعزم جميع الدول والشعوب

المقالة 4. أمان المعلومات الرقمية وخصوصية البيانات: حماية مستقبلنا الرقمي
المقدمة:

في عصر يتشابك فيه التكنولوجيا بعمق في نسيج المجتمع، أصبح أمان المعلومات الرقمية وخصوصية البيانات من أقصر الأهمية لسلامة الفرد واستقرار العالم. نمو البيانات الرقمية بشكل هائل واستخدام الإنترنت الواسع الانتشار فتحا أمامنا أفاقًا جديدة للتهديدات السيبرانية وانتهاكات الخصوصية. تستعرض هذه المقالة أهمية أمان المعلومات الرقمية وخصوصية البيانات، والتحديات التي تواجهها، والاستراتيجيات اللازمة لحماية البنية التحتية الرقمية والمعلومات الشخصية في عالم رقمي يتطور بسرعة.

نمو المناظر الرقمية:

مع تقدم التكنولوجيا، نمت اعتماداتنا على الأنظمة الرقمية للاتصال والتجارة والحوسبة السحابية وتقنيات (IoT) والحكم بشكل هائل. إن الأشياء على الإنترنت الهواتف المحمولة تعيد تشكيل طريقة حياتنا وعملنا. ومع ذلك، يشكل هذا التحول الرقمي أيضًا مخاطر كبيرة. يمكن لهجمات السيبرانية استهداف البنية التحتية الحيوية والأنظمة المالية والبيانات الشخصية، مما يشكل تهديدات للأمن الوطني والاستقرار الاقتصادي وخصوصية الفرد.

تهديدات وتحديات أمان المعلومات الرقمية:

تأتي تهديدات أمان المعلومات الرقمية في أشكال متعددة، بما في ذلك الاختراق، والبرامج الضارة، واحتيال البريد الإلكتروني، وهجمات الفدية. يضيف الحروب السيبرانية التي تمولها الدولة، والتجسس، وأنشطة الإرهاب السيبراني طبقات من التعقيد. التحديات في مكافحة هذه التهديدات متعددة الأوجه، تشمل الأبعاد التقنية والقانونية والأخلاقية. التكنولوجيا التي تتطور بسرعة والطبيعة المتطورة للجرائم السيبرانية تجعل من الصعب مواكبة التهديدات.

مخاوف خصوصية البيانات:

ترتبط خصوصية البيانات بشكل جوهري بأمان المعلومات الرقمية. مع كميات ضخمة من المعلومات الشخصية المخزنة عبر الإنترنت، يعد حماية هذه البيانات من الوصول غير المصرح به والانتهاكات أمرًا بالغ الأهمية. تتجاوز المخاوف البيانات المالية إلى معلومات شخصية حساسة يمكن استغلالها في سرقة الهوية أو المراقبة أو الهندسة الاجتماعية. ارتفاع مفهوم البيانات الكبيرة والذكاء الاصطناعي يعقد خصوصية البيانات أكثر، حيث يتعامل مع مجموعات بيانات كبيرة قد تحتوي على معلومات شخصية.

استراتيجيات تعزيز أمان المعلومات الرقمية:

تعزيز أمان المعلومات الرقمية يتطلب نهجًا متعدد الطبقات. ويشمل ذلك الدفاع التكنولوجي القوي مثل الحواجز النارية والتشفير وأنظمة الكشف عن الاختراق. تحديث وإصلاح البرامج بانتظام، بالإضافة إلى إجراء فحوص أمان المعلومات الرقمية، هي ممارسات حيوية. ومع ذلك، التكنولوجيا وحدها لا تكفي. التوعية بأمان المعلومات الرقمية والتدريب للأفراد والمنظمات أمران ضروريان للاعتراف بالمخاطر والتخفيف منها. بالإضافة إلى ذلك، تطوير وفرض سياسات أمان معلومات رقمية قوية وتنظيمات على الصعيدين الوطني والدولي أمر بالغ الأهمية.

تعزيز تدابير خصوصية البيانات:

حماية خصوصية البيانات تتطلب تدابير صارمة. تنفيذ قوانين ولوائح حماية البيانات القوية مثل لائحة الحماية العامة للبيانات (GDPR) في الاتحاد الأوروبي

هو خطوة رئيسية. يجب على المؤسسات ضمان ممارسات شفافة لمعالجة البيانات والحصول على موافقة لجمع البيانات، وتوفير خيارات للمستخدمين للتحكم في معلوماتهم الشخصية. تطوير التقنيات التي تعزز الخصوصية مثل التجميع وحلول تخزين البيانات الآمنة هو أيضًا أمر مهم.

التعاون والتعاون الدولي:

أمان المعلومات الرقمية وخصوصية البيانات قضايا عالمية تتطلب التعاون الدولي. تتطلب تدفقات البيانات عبر الحدود والطبيعة المترابطة للتهديدات السيبرانية التعاون بين الدول وشركات التكنولوجيا والمنظمات الدولية. مشاركة المعلومات حول التهديدات وأفضل الممارسات والتقنيات المتقدمة يمكن أن تعزز من قدرات الأمان السيبراني الجماعي. الاتفاقات والأطر الدولية لأمان المعلومات الرقمية وخصوصية البيانات ضرورية لتحديد المعايير المشتركة والتدابير التعاونية.

الاستنتاج:

مع تصاعد اعتمادنا على التكنولوجيا الرقمية، تصبح ضرورة تعزيز أمان المعلومات الرقمية وحماية خصوصية البيانات أكثر أهمية. التعامل مع هذه التحديات يتطلب نهجاً شاملاً يجمع بين الحلول التكنولوجية والإجراءات التشريعية والوعي العام والتعاون الدولي. من خلال الاستثمار في تدابير أمان المعلومات الرقمية القوية وإعطاء الأولوية لخصوصية البيانات، يمكننا خلق بيئة رقمية أكثر أمانًا وقدرة على التحمل، مضمونة سلامة واستقرار مستقبلنا الرقمي العالمي.

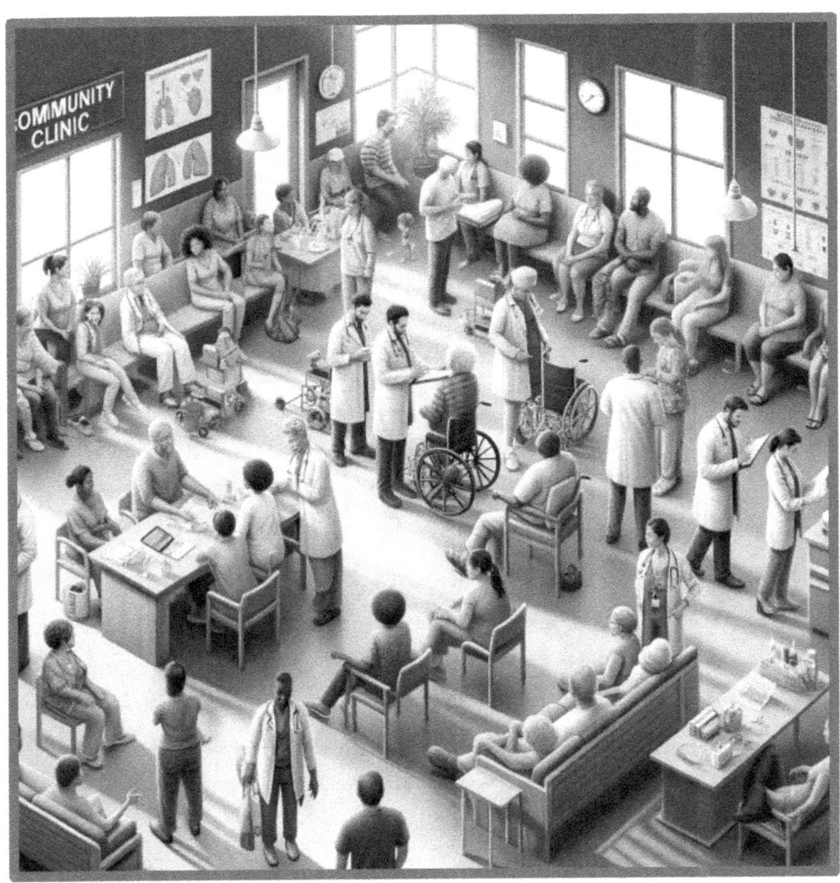

المقالة 5. الوصول والجودة في مجال الرعاية الصحية: سد الفجوة في عالم مليء
بالتفاوتات

المقدمة:

الوصول الشامل إلى الرعاية الصحية ذات الجودة ليس مجرد امتياز ولكنه حق
أساسي للإنسان. على الرغم من التقدم في علم الطب وتقديم الرعاية الصحية، إلا أن
التفاوتات الواضحة في وصول وجودة الرعاية الصحية لا تزال قائمة على نطاق
عالمي. هذه التفاوتات أكثر وضوحاً في الدول ذات الدخل المنخفض والمتوسط لكنها
ملحوظة أيضًا في الدول المتقدمة. تستكشف هذه المقالة تحديات ضمان الوصول
الشامل إلى الرعاية الصحية والجودة، والأسباب الكامنة وراء هذه التفاوتات،
والاستراتيجيات اللازمة لمعالجة هذه الفجوات بطريقة شاملة وعادلة.

فهم التفاوتات في الرعاية الصحية:

تشير التفاوتات في الرعاية الصحية إلى الفروق في وصول الرعاية الصحية، وجودة الخدمات، والنتائج بين مجموعات السكان المختلفة. غالبًا ما تكون هذه التفاوتات ناتجة عن العوامل الاجتماعية والاقتصادية والجغرافية، والعرق، والجنس، والعمر. في العديد من أنحاء العالم، يزيد من الفقر، ونقص التحتية الصحية، وسياسات الصحة غير الكافية عن تفاقم هذه التفاوتات. فهم أسباب هذه التفاوتات العميقة أمر بالغ الأهمية لتطوير تدخلات فعالة.

أهمية الوصول الشامل للرعاية الصحية:

الوصول الشامل للرعاية الصحية يضمن أن جميع الأفراد، بغض النظر عن وضعهم الاجتماعي والاقتصادي، لديهم وصول إلى الخدمات الصحية الضرورية دون تكبد صعوبات مالية. إنه أمر أساسي لتحسين نتائج الصحة، وتقليل التفاوتات الصحية، وزيادة الجودة العامة للحياة. يساهم أنظمة الرعاية الصحية الشاملة أيضًا في الاستقرار الاقتصادي وإنتاجية المجتمعات من خلال ضمان وجود قوى عاملة صحية.

تحديات تقديم رعاية صحية ذات جودة:

تقديم رعاية صحية ذات جودة تمثل تحديًا متعدد الجوانب. يشمل ذلك ليس فقط توفر الخدمات الصحية ولكن أيضًا جودة وفعالية هذه الخدمات. تشمل التحديات نقص المحترفين الصحيين، ونقص التحتية الصحية، ونقص التمويل، وعدم كفاية السياسات الصحية. ضمان معايير عالية للرعاية الطبية، وسلامة المرضى، ورضاهم مكونات أساسية أيضًا للرعاية الصحية ذات الجودة.

استراتيجيات لتحسين الوصول للرعاية الصحية:

تحسين الوصول للرعاية الصحية يتطلب مجموعة من التدخلات السياسية، وتطوير البنية التحتية، ومشاركة المجتمع. ويشمل ذلك الاستثمار في بنية التحتية الصحية، خاصة في المناطق التي تعاني من نقص الخدمات، وزيادة القوى العاملة في مجال الرعاية الصحية من خلال برامج التعليم والتدريب. تدابير السياسة مثل برامج التأمين الصحي، والدعم المالي للفئات ذات الدخل المنخفض، واللوائح للتحكم في تكاليف الرعاية الصحية ضرورية. يمكن أن تلعب برامج صحة المجتمع والطب عن بُعد أيضًا دورًا حيويًا في تعزيز الوصول.

تعزيز جودة الرعاية الصحية:

تعزيز جودة الرعاية الصحية يتضمن التحسين المستمر في تقديم الرعاية الصحية، ورعاية المرضى، ونتائج العلاج. يمكن تحقيق ذلك من خلال تنفيذ تدابير مراقبة الجودة وأنظمة الاعتماد وبروتوكولات سلامة المرضى. التدريب والتطوير للمحترفين الصحيين أمر بالغ الأهمية للحفاظ على معايير عالية من الرعاية. يمكن

أيضًا أن تسهم التكنولوجيا، مثل السجلات الصحية الإلكترونية وأدوات الصحة الرقمية، في تحسين الكفاءة ونتائج المرضى.

الشراكات العالمية والمحلية:

معالجة التفاوتات في الرعاية الصحية وتحسين الوصول والجودة تتطلب شراكات على الصعيدين العالمي والمحلي. يمكن أن تيسر التعاون بين الحكومات والمنظمات الدولية والمنظمات غير الحكومية والقطاع الخاص مشاركة الموارد وبناء القدرات وتنفيذ أفضل الممارسات. الشراكات المحلية، بما في ذلك مشاركة المجتمع ومبادرات الصحة المحلية، مهمة بالمثل لفهم ومعالجة الاحتياجات الصحية المحددة.

الاستنتاج:

ضمان الوصول الشامل للرعاية الصحية ذات الجودة هو هدف معقد ولكنه قابل للتحقيق. إنه يتطلب جهداً مشتركاً من الحكومات ومقدمي الرعاية الصحية والمجتمعات والوكالات الدولية. من خلال معالجة تحديات التفاوتات في الرعاية الصحية، والاستثمار في البنية التحتية والموارد البشرية، وتعزيز الشراكات، يمكننا التقدم نحو مستقبل يصبح فيه الرعاية الصحية ذات الجودة واقعًا للجميع

المقالة 6. التفاوت الاقتصادي وتقليل الفقر: مسارات نحو الاستقرار العالمي والعدالة الاجتماعية

المقدمة:

التفاوت الاقتصادي والفقر يمثلان بعضًا من أكثر التحديات العاجلة في الساحة العالمية، حيث يؤثران بشكل جوهري على الاستقرار العالمي والعدالة الاجتماعية. بينما رفعت النمو الاقتصادي الملايين من الفقر، يستمر الفارق بين الأثرياء والفقراء في التوسع، مما يؤدي إلى اضطرابات اجتماعية وتقويض للمؤسسات الديمقراطية. تستكشف هذه المقالة طبيعة التفاوت الاقتصادي والفقر متعددة الأوجه، وآثارهما على المجتمعات، وتستكشف استراتيجيات تقليل الفقر بفعالية وإنشاء نظام اقتصادي أكثر عدالة.

فهم التفاوت الاقتصادي والفقر:

التفاوت الاقتصادي يشير إلى التوزيع غير المتساوي للثروة والدخل والفرص داخل البلدان وبينها. الفقر، من ناحية أخرى، هو عدم قدرة الأفراد على تلبية الاحتياجات الأساسية مثل الطعام والمأوى والرعاية الصحية. العوامل التي تسهم في هذه الظواهر تشمل العولمة والتغييرات التكنولوجية وقرارات السياسة والهياكل الاجتماعية والاقتصادية. فهم الأسباب الجذرية وديناميات التفاوت والفقر أمر بالغ الأهمية لتطوير تدخلات مستهدفة.

الاتجاهات العالمية والإقليمية في التفاوت والفقر:

تختلف الاتجاهات في التفاوت الاقتصادي والفقر بشكل كبير من منطقة إلى أخرى. بينما عاشت بعض البلدان نموا اقتصاديا كبيرا وتقليلا للفقر، تستمر الأخرى في مواجهة الفقر المدقع وتوسع الفجوات الدخلية. العوامل مثل عدم الاستقرار السياسي وسياسات الاقتصاد والوصول إلى التعليم والرعاية الصحية تؤثر بشكل كبير في هذه الاتجاهات. تحليل هذه الاتجاهات يساعد في تحديد أين تكون التدخلات هي الأكثر ضرورة وما هي الأشكال التي يجب أن تأخذها.

تأثير التفاوت على المجتمعات:

التفاوت الاقتصادي له تأثيرات بعيدة المدى على المجتمعات. يمكن أن يؤدي إلى زيادة معدلات الجريمة، وتدهور نتائج الصحة، وتقليل النمو الاقتصادي، واحتشاد اجتماعي. يقوض التفاوت التماسك الاجتماعي والثقة في المؤسسات، مما يضعف النسيج الاجتماعي. علاوة على ذلك، يقيد الفرص للفقراء، مما يديم دوائر الفقر ويعيق التقدم الاجتماعي العام.

استراتيجيات لتقليل الفقر:

تقليل الفقر يتطلب استراتيجيات شاملة ومتعددة الأوجه. تشمل هذه إيجاد فرص عمل، وضمان أجور عادلة، وتوفير شبكات الأمان الاجتماعي. التعليم وتطوير المهارات ضروريان لتمكين الأفراد وتحسين فرصهم في التوظيف. بالإضافة إلى ذلك، يمكن أن تعالج التدخلات المستهدفة مثل التمويل الصغير، ودعم الأعمال الصغيرة، وبرامج التنمية المجتمعية بفعالية الفقر على المستوى الأساسي.

معالجة التفاوت في الدخل:

معالجة التفاوت في الدخل تتضمن تدابير قصيرة وطويلة المدى. الضرائب التدريجية، وسياسات الأجور العادلة، وإعادة التوزيع من خلال برامج الرعاية الاجتماعية يمكن أن تساعد في تقليل الاختلافات الفورية. على المدى البعيد، تعتبر السياسات التي تعزز الفرص المتساوية، مثل الوصول إلى التعليم والرعاية الصحية ذات الجودة، أمرًا ضروريًا. بالإضافة إلى ذلك، معالجة قضايا نظامية مثل عدم

المساواة بين الجنسين والعرق وإصلاحات سوق العمل أمور ضرورية لتقليل التفاوت.

دور التعاون الدولي والسياسة:

التعاون الدولي يلعب دورًا حيويًا في معالجة التفاوت الاقتصادي والفقر. المبادرات العالمية مثل أهداف التنمية المستدامة للأمم المتحدة توفر إطارًا للعمل الجماعي. تنسيق السياسات بين الدول، خاصة في مجالات التجارة والتمويل والمساعدات، أمر ضروري لإيجاد بيئة ملائمة لتقليل الفقر وتحقيق نمو اقتصادي عادل.

الاستنتاج:

معالجة التفاوت الاقتصادي والفقر أمر ضروري لتعزيز الاستقرار العالمي وضمان العدالة الاجتماعية. بينما التحديات كبيرة، يمكن أن تؤدي مزيج من السياسات المستهدفة والتعاون الدولي والمبادرات على الأرض إلى تحقيق تغيير معنوي. من خلال الالتزام بالنمو الاقتصادي العادل وتقليل الفقر، يمكننا أن نمهد الطريق نحو مجتمع عالمي أكثر عدالة واستقرارًا.

المقالة 7. التعليم والتعلم مدى الحياة: تحفيز التقدم الاجتماعي وتنمية الإنسان
المقدمة:

التعليم ذو الجودة هو ركيزة التقدم الاجتماعي والابتكار ورعاية الإمكانات البشرية. في عصر يتسم بالتقدم التكنولوجي السريع والتحديات العالمية، يصبح دور التعليم والتعلم مدى الحياة أكثر أهمية. تستكشف هذه المقالة أهمية التعليم ذو الجودة عبر مراحل حياة متنوعة، والتحديات التي تواجه جعل التعليم شاملاً ومتاحاً، والاستراتيجيات اللازمة لتعزيز الأنظمة التعليمية على الصعيدين العالمي وبالتالي فتح الإمكانيات الكاملة للأفراد والمجتمعات.

أهمية التعليم ذو الجودة:

التعليم ذو الجودة يتجاوز القراءة والكتابة الأساسيتين. إنه يشمل مجموعة واسعة من تجارب التعلم التي تطوّر التفكير النقدي والإبداع ومهارات حل

المشكلات. يزوّد التعليم ذو الجودة الأفراد بالمعرفة والمهارات اللازمة للتنقل في تعقيدات العالم الحديث، والمشاركة بفعالية في سوق العمل، والمساهمة في التنمية الاجتماعية. كما أنه يلعب دورًا حاسمًا في تعزيز العدالة وتقليل الفقر، وتعزيز التماسك الاجتماعي.

تحديات التعليم العالمي:

على الرغم من التقدم في الوصول إلى التعليم، إلا أن تحديات كبيرة تظل قائمة. تتضمن هذه التحديات اختلافات في جودة التعليم بناءً على الموقع الجغرافي والوضع الاقتصادي والجنس والإعاقة. لا تزال العديد من المناطق تفتقر إلى البنية التحتية والموارد التعليمية الأساسية. بالإضافة إلى ذلك، قد لا تكون النماذج التعليمية التقليدية كافية لإعداد الطلاب بشكل كاف لمتطلبات سوق العمل المستقبلي. لمعالجة هذه التحديات، تتطلب أساليب مبتكرة والالتزام المستدام من الحكومات والمعلمين والمجتمعات.

التعليم في مرحلة الطفولة المبكرة والتنمية:

التعليم في مرحلة الطفولة المبكرة يضع أسس التعلم والتنمية طوال الحياة. إنه أمر حاسم للتنمية المعرفية والاجتماعية والعاطفية. يمكن أن يقلل التعليم المبكر ذو الجودة من تأثيرات التفوق ويضع الأطفال على مسار للتعلم الناجح. ومع ذلك، يظل الوصول إلى التعليم في مرحلة الطفولة المبكرة محدودًا في العديد من أنحاء العالم. توسيع الوصول وضمان جودة برامج التعلم المبكر أمور ضرورية نحو توفير فرص تعليمية عادلة.

تكييف التعليم مع عصر الرقمنة:

عصر الرقمنة يقدم تحديات وفرصًا جديدة للتعليم. دمج التكنولوجيا في الصف يمكن أن يعزز تجارب التعلم ويوفر الوصول إلى مصادر ضخمة. ومع ذلك، يثير أيضًا مخاوف بشأن الانقسامات الرقمية وضرورة مهارات الأمان الرقمي. إعداد الطلاب لعالم مدفوع بالتكنولوجيا يتطلب ليس فقط وصولًا إلى التكنولوجيا ولكن أيضًا تعليمهم كيفية استخدامها بشكل مسؤول وفعّال. وهذا يشمل التفكير النقدي حول المعلومات، وفهم السلامة الرقمية، وتطوير مهارات التواصل والتعاون الرقمي.

التعلم مدى الحياة والتعليم للبالغين:

في عالم يتغير بسرعة، لا يمكن أن يتوقف التعلم عند التعليم الرسمي. التعلم مدى الحياة ضروري للتنمية الشخصية والمهنية. يوفر التعليم للبالغين وبرامج التعليم المستمر فرصًا لتحديث مهاراتهم، أو تغيير مساراتهم المهنية، أو متابعة اهتماماتهم الشخصية. هذه البرامج مهمة بشكل خاص في معالجة فجوة المهارات

في سوق العمل وتمكين البالغين من التكيف مع متطلبات الوظائف الجديدة والتقدم التكنولوجي.

نماذج وممارسات تعليمية مبتكرة:

النماذج والممارسات التعليمية المبتكرة هي مفتاح معالجة التحديات التعليمية المعاصرة. يشمل ذلك النهج التعليمية الشخصية، وتعلم مستند إلى المشاريع، وبيئات التعلم التعاوني. تقبل التنوع في أساليب التعليم والمناهج يمكن أن يلبي أنماط واحتياجات التعلم المختلفة. بالإضافة إلى ذلك، تقديم شراكات بين المؤسسات التعليمية والصناعة والمجتمعات يمكن أن يوفر تجارب تعلم عملية ويوفق التعليم مع متطلبات العالم الحقيقي.

الاستنتاج:

التعليم ذو الجودة والتعلم مدى الحياة ضروريين لتمكين الفرد، وتعزيز التقدم الاجتماعي، وتنمية الإنسان. من خلال معالجة التحديات في التعليم، واستغلال التكنولوجيا، وتعزيز نماذج التعلم المبتكرة، يمكننا أن نضمن أن التعليم يعتبر أداة قوية لفتح إمكانيات الإنسان وتعزيز التحول الاجتماعي. في عالم يتغير باستمرار، يجب أن يكون الالتزام بالتعليم والتعلم ثابتًا، لتعزيز مستقبل يتيح للجميع الفرصة للتعلم والنمو والمساهمة في تحسين المجتمع.

المقالة 8. العدالة الاجتماعية وحقوق الإنسان: الالتزام بالمعايير الأخلاقية العالمية من خلال المساواة والتنوع

المقدمة:

العدالة الاجتماعية وحقوق الإنسان هما عنصران لا غنى عنهما في مسعى الوصول إلى المعايير الأخلاقية العالمية. إنهما يجسدان مبادئ المساواة والكرامة واحترام جميع الأفراد، بغض النظر عن خلفيتهم أو وضعهم. في عالم يتسم بالعدم المساواة والتمييز، يكون تعزيز العدالة الاجتماعية وحماية حقوق الإنسان أكثر أهمية من أي وقت مضى. تستكشف هذه المقالة أهمية هذه القيم، والتحديات في تحقيقها، والخطوات اللازمة لتعزيز عالم أكثر تكافؤًا وعدالة.

أسس حقوق الإنسان:

حقوق الإنسان هي ضمانات قانونية عالمية تحمي الأفراد والجماعات من التصرفات والإغفال التي تتداخل مع الحريات الأساسية والكرامة البشرية. إنها متجذرة في القانون الدولي ومتجسدة في معاهد وإعلانات مثل الإعلان العالمي لحقوق الإنسان. هذه الحقوق لا تنقسم ولا تعتمد بشكل متبادل، وتطبق على الجميع، وتشكل أساس العدالة الاجتماعية. فهم والالتزام بتلك الحقوق أمر أساسي لمعالجة الظلم والعدم المساواة العالمية.

تحديات العدالة الاجتماعية وحقوق الإنسان:

على الرغم من التقدم، لا تزال هناك تحديات تواجه العدالة الاجتماعية وحقوق الإنسان. تتضمن هذه التحديات التمييز النظامي، والفقر، وعدم المساواة بين الجنسين، وقمع حرية التعبير والتجمع. في العديد من أنحاء العالم، تواجه الجماعات المهمشة عقبات دائمة في الوصول إلى العدالة والتعليم والرعاية الصحية وفرص العمل. لمعالجة هذه التحديات، يتعين اتباع نهج شامل يتناول أسباب العدم المساواة والظلم.

تعزيز المساواة والتنوع:

المساواة والتنوع أمران مركزيان في العدالة الاجتماعية. تعزيز هذه القيم يتضمن التحدي للصور النمطية والتحيزات والعقبات النظامية التي تديم العدم المساواة. يتضمن ذلك تنفيذ قوانين مكافحة التمييز، وسياسات الترويج الإيجابي، والممارسات الشاملة في التعليم والتوظيف والحوكمة. الاحتفال بالتنوع وتعزيز مجتمع شامل حيث يتم سماع وتقدير جميع الأصوات ضروري لبناء عالم عادل ومتساوي.

دور التعليم في العدالة الاجتماعية:

التعليم يلعب دورًا حيويًا في تعزيز العدالة الاجتماعية. إنه يمكن أفراد المعرفة والمهارات اللازمة لمواجهة الظلم والمشاركة في التغيير الاجتماعي. أنظمة التعليم التي تعطي الأولوية لحقوق الإنسان والتعليم المدني والتفكير النقدي هي أمور حاسمة. إنها تساعد في تنمية جيل من المواطنين المستنيرين والمشاركين الذين ملتزمون بتعزيز المساواة والعدالة.

الحركات الشعبية والدعوة:

الحركات الشعبية والدعوة هي أدوات قوية للتغيير الاجتماعي. إنها تمنح صوتًا للمهمشين وتحمل المؤسسات مسؤولية. المبادرات المجتمعية، والنشاط، واستخدام وسائل التواصل الاجتماعي قد ثبتت فعاليتها في نشر الوعي ودفع الإصلاحات. دعم هذه الحركات وضمان وجود أماكن آمنة للدعوة أمور حاسمة لتعزيز العدالة الاجتماعية وحقوق الإنسان.

التعاون الدولي والسياسة:

التعاون الدولي ضروري في التعزيز العالمي للعدالة الاجتماعية وحقوق الإنسان. الجهود المشتركة بين الدول والمنظمات الدولية والمنظمات غير الحكومية تساعد في وضع المعايير ومراقبة التزام الدول وتقديم الدعم حيثما يلزم. تلعب دورًا كبيرًا (SDGs) السياسات العالمية والاتفاقيات مثل أهداف التنمية المستدامة في توجيه الجهود العالمية نحو عالم أكثر عدالة ومساواة.

الاستنتاج:

تعزيز العدالة الاجتماعية والالتزام بحقوق الإنسان أمران أساسيان لتحقيق المعايير الأخلاقية العالمية. من خلال الجهود المشتركة في التعليم، والدعوة، وصنع السياسات، والتعاون الدولي، يمكننا أن نحقق تقدمًا نحو عالم حيث تكون المساواة والتنوع والكرامة ليسوا مثل أيديولوجيات فقط ولكن واقعًا للجميع. يتطلب الرحيل نحو هذا الهدف الاستمرار والشجاعة والالتزام الثابت بمبادئ العدالة وحقوق الإنسان.

المقالة 9. الصحة النفسية والرفاهية: إلزام عالمي للصحة المجتمعية والإنتاجية
المقدمة:

الحوار العالمي حول الصحة يعترف بشكل متزايد بأهمية الصحة النفسية كجزء حاسم من الرفاهية العامة والإنتاجية المجتمعية. قضايا الصحة النفسية، التي غالبًا ما يتم تجاهلها وتجاهلها، تؤثر على الأفراد في جميع المجتمعات وتسهم بشكل كبير في العبء العالمي للأمراض. تستكشف هذه المقالة أهمية التعامل مع مخاوف الصحة النفسية، والتحديات في تقديم الرعاية الصحية النفسية، والاستراتيجيات اللازمة للتدخلات الفعّالة في مجال الصحة النفسية وتعزيز الرفاهية في مجموعات سكانية متنوعة.

فهم الصحة النفسية:

الصحة النفسية تشمل رفاهيتنا العاطفية والنفسية والاجتماعية، مما يؤثر في كيفية تفكيرنا وشعورنا وتصرفنا. إنها تؤثر في قدرتنا على التعامل مع التوتر، والعلاقات مع الآخرين، واتخاذ القرارات. قضايا الصحة النفسية، بما في ذلك الاكتئاب والقلق واضطرابات استخدام المواد، يمكن أن تنبع من مجموعة متنوعة من العوامل مثل الوراثة وتجارب الحياة والضغوط البيئية. فهم تعقيد الصحة النفسية أمر حيوي لتقديم رعاية وتدخل فعّالين.

تحديات رعاية الصحة النفسية:

تقديم الرعاية الصحية النفسية يثير العديد من التحديات. تشمل هذه التحديات موارد غير كافية، ونقص المحترفين المدربين في مجال الصحة النفسية، والتنميط المرتبط بقضايا الصحة النفسية. في العديد من أنحاء العالم، تكون خدمات الصحة النفسية غير ممولة بشكل جيد وغير مدمجة في أنظمة الرعاية الصحية الأساسية. التنميط المحيط بالأمراض العقلية في كثير من الأحيان يمنع الأفراد من البحث عن المساعدة، مما يزيد من خطورة حالتهم.

أهمية التدخل المبكر والوقاية:

التدخل المبكر والوقاية أمران أساسيان في التعامل مع قضايا الصحة النفسية. يشمل ذلك حملات التوعية العامة لإزالة التنميط المرتبط بالأمراض العقلية، وبرامج التعليم للاعتراف بالعلامات المبكرة لمشاكل الصحة النفسية. المدارس وأماكن العمل تلعب دورًا حاسمًا في الكشف المبكر وتقديم الدعم. استراتيجيات الوقاية، مثل تعزيز اختيارات نمط حياة صحي وتقنيات إدارة التوتر، يمكن أن تقلل بشكل كبير من مخاطر تطوير قضايا الصحة النفسية.

الوصول إلى خدمات الصحة النفسية:

تحسين الوصول إلى خدمات الصحة النفسية أمر بالغ الأهمية لتلبية احتياجات الصحة النفسية. يشمل ذلك توسيع الرعاية الصحية النفسية في إعدادات الرعاية الصحية الأساسية، وزيادة توافر المحترفين في مجال الصحة النفسية، واستخدام خدمات التليميديسين للوصول إلى المناطق غير المخدومة. دمج خدمات الصحة النفسية في أنظمة الرعاية الصحية الحالية يضمن نهجًا أكثر شمولًا للصحة والرفاهية.

رعاية الصحة النفسية القائمة على المجتمع:

رعاية الصحة النفسية القائمة على المجتمع هي نهج فعّال لتقديم الرعاية القابلة للوصول والمتوافقة مع الثقافة. يشمل ذلك برامج التوعية في المجتمع، ومجموعات الدعم، وخدمات الصحة النفسية المحلية. إشراك المجتمعات في تعزيز الصحة

النفسية يساعد في فهم الاحتياجات المحلية وتقليل التنميط. يمكن أن تكون مثل هذه المبادرات الأساسية فعّالة بشكل خاص في الإعدادات ذات الموارد المحدودة.

دور السياسة والتعاون الدولي:

السياسات الفعّالة للصحة النفسية والتعاون الدولي ضروريان للتعامل مع قضايا الصحة النفسية العالمية. ينبغي أن تركز السياسات على زيادة التمويل لخدمات الصحة النفسية، وتدريب المحترفين في مجال الرعاية الصحية، ودمج الصحة النفسية في جداول أعمال الصحة العامة. يمكن أن يسهم التعاون الدولي في تسهيل تبادل أفضل الممارسات والبحث والموارد، مما يسهم في رد فعل عالمي أكثر انسجامًا على تحديات الصحة النفسية.

الاستنتاج:

التعامل مع الصحة النفسية على الصعيدين العالمي والمجتمعي ضروري لرفاهية المجتمعات وإنتاجيتها. من خلال التدخل المبكر، وتحسين الوصول إلى الرعاية، والنهج القائم على المجتمع، ومبادرات السياسة القوية، يمكن تحقيق تقدم كبير في تعزيز الصحة النفسية والرفاهية. مواجهة هذه القضايا تتطلب جهدًا جماعيًا يتجاوز الحدود والثقافات، لضمان أن الرعاية والدعم الصحي النفسي متاحة للجميع

المقالة 10. الهجرة والترحيل: موازنة الأمان والاعتبارات الإنسانية في تطوير السياسات

المقدمة:

الهجرة والترحيل تعرض تحديات وفرصًا معقدة للدول في جميع أنحاء العالم. مع زيادة الحركة العالمية، أصبح إنشاء سياسات هجرة شاملة توازن بين مصالح الأمان والاعتبارات الإنسانية قضية ملحة. هذه السياسات لا تؤثر فقط على حياة المهاجرين ولكنها أيضًا تؤثر على النسيج الاجتماعي والاقتصادي والثقافي للدول المضيفة. تستكشف هذه المقالة تفاصيل الهجرة والترحيل، مدرسة الحاجة إلى سياسات متوازنة تتناول مخاوف الأمان مع الالتزام بحقوق الإنسان والكرامة.

الاتجاهات العالمية في الهجرة والترحيل:

تتأثر أنماط الهجرة العالمية بعوامل مثل النزاع، والفوارق الاقتصادية، وتغير المناخ، والعولمة. بينما يهاجر البعض بحثًا عن فرص اقتصادية أفضل، يضطرون آخرون إلى الفرار بسبب الحروب، والاضطهاد، أو الكوارث البيئية. فهم هذه الاتجاهات ضروري لتطوير سياسات هجرة فعالة وإنسانية تستجيب لاحتياجات المهاجرين المتنوعة والبلدان التي يتوجهون إليها.

مخاوف الأمان في سياسات الهجرة:

الأمان هو قلق مشروع للدول التي تدير الهجرة. ضمان سلامة المواطنين والحفاظ على النزاع الإقليمي هما مسؤوليات أساسية للحكومات. ومع ذلك، يجب موازنة التدابير الأمنية مع احترام حقوق الإنسان. يمكن أن تؤدي السياسات الصارمة بشكل مفرط إلى انتهاكات حقوق الإنسان وتفاقم ضعف المهاجرين، بما في ذلك اللاجئين وطالبي اللجوء.

الاعتبارات الإنسانية في الترحيل:

الاعتبارات الإنسانية مركزية في سياسات الهجرة. وهذا يتضمن احترام حقوق المهاجرين، ومنح اللجوء للذين يفرون من الخطر، وضمان معاملة إنسانية للجميع، بغض النظر عن وضعهم القانوني. يجب أن تأخذ السياسات في الاعتبار تأثيرها على العائلات، والتحديات التي يواجهها الأطفال غير المرافقين، واحتياجات الفئات الضعيفة.

الآثار الاقتصادية والاجتماعية للهجرة:

غالبًا ما يسهم المهاجرون بشكل كبير في اقتصادات البلدان المضيفة، حيث يملئون نقص العمالة ويحملون مهارات متنوعة. اجتماعياً، يساهمون في ثراء الثقافة وتنوع المجتمعات. ومع ذلك، هناك تحديات مثل التكامل والتوترات الاجتماعية. يجب أن تهدف السياسات إلى تحقيق أقصى استفادة من الهجرة مع معالجة التحديات الاجتماعية والاقتصادية المحتملة.

الأُطر القانونية والتعاون الدولي:

تطوير سياسات الهجرة الشاملة يتطلب أُطر قانونية قوية وتعاون دولي. الالتزام بالقوانين الدولية، بما في ذلك اتفاقيات اللاجئين وحقوق الإنسان، أمر بالغ الأهمية. التعاون بين البلدان ضروري لإدارة حركات الهجرة عبر الحدود بفعالية، ومشاركة أفضل الممارسات، ودعم البلدان المتضررة بشكل غير متناسب من تدفقات الهجرة.

نهج مبتكر للهجرة والتكامل:

النهج المبتكر للهجرة يمكن أن يعزز من فعالية السياسات وتعزيز التماسك الاجتماعي. ويتضمن ذلك برامج المشاركة المجتمعية، وتدريب الكفاءات الثقافية،

ومسارات الهجرة القانونية. تكامل المهاجرين في المجتمعات المضيفة، من خلال التعليم باللغة وفرص العمل، أمر حاسم لتحقيق نتائج ناجحة على المدى الطويل.

الاستنتاج:

إن إنشاء سياسات هجرة متوازنة وإنسانية هو مهمة معقدة ولكن ضرورية. إنها تتطلب فهمًا متعمقًا لأسباب الهجرة، واعتبار التأثيرات الاقتصادية والاجتماعية، والالتزام بالمعايير القانونية، والالتزام بمبادئ حقوق الإنسان. من خلال تحقيق هذا التوازن، يمكن للبلدان تطوير سياسات تحافظ على مصالحها مع احترام كرامة وحقوق المهاجرين.

المقالة 11. المساواة بين الجنسين وتمكين المرأة: تعزيز التقدم في العوالم الاجتماعية والاقتصادية

المقدمة:

تعزيز المساواة بين الجنسين وتمكين المرأة هو أمر ضروري عالمي حاسم، لا يعتمد فقط على حقوق النساء بل أيضًا على التنمية الاجتماعية والاقتصادية الأوسع. على الرغم من التقدم الكبير في بعض المجالات، تستمر التفاوتات بين الجنسين المستمرة في العرقلة لإمكانيات النساء وبالتالي المجتمعات بشكل عام. تستكشف هذه المقالة أهمية المساواة بين الجنسين وتمكين المرأة، والتحديات التي تعيق التقدم، والنهج متعددة الجوانب المطلوبة لتحقيق نتائج عادلة في جميع قطاعات المجتمع.

فهم المساواة بين الجنسين:

المساواة بين الجنسين تتضمن توفير حقوق متساوية ومسؤوليات وفرص لجميع الجنسين. إنها تتجاوز تمكين النساء فقط لتشمل تفكيك الهياكل والصور النمطية التي تعيد تأكيد التفاوت بين الجنسين. تحقيق المساواة بين الجنسين يتطلب معالجة قضايا نظامية مثل العلاقات غير المتساوية للقوة والقوانين والممارسات التمييزية والأنماط الاجتماعية الجذرية.

عوائق تمكين المرأة:

غالبًا ما يعوق تمكين المرأة من مجموعة من العوائق، بما في ذلك التبعية الاقتصادية والوصول المحدود إلى التعليم والرعاية الصحية والقيود الاجتماعية والسياسية. العنف القائم على النوع الاجتماعي والتمييز يزيدان من هذه العقبات. التغلب على هذه التحديات أمر بالغ الأهمية لتمكين النساء للمشاركة الكاملة والمساهمة في جميع جوانب الحياة، بما في ذلك الجوانب الاقتصادية والسياسية والاجتماعية.

تمكين اقتصادي للنساء:

التمكين الاقتصادي هو جانب مهم من المساواة بين الجنسين. إنه يتضمن ضمان الوصول المتساوي إلى فرص العمل والأجور العادلة والموارد المالية. التمكين الاقتصادي للنساء يشمل أيضًا دعم رائدات الأعمال النساء، وتوفير التدريب المهني، وتنفيذ سياسات تشجع على التوازن بين العمل والحياة الشخصية، مثل إجازة الأمومة ودعم رعاية الأطفال.

التمثيل السياسي والقيادة:

التمثيل السياسي المتساوي والقيادة هما أساس المساواة بين الجنسين. مشاركة النساء في عمليات اتخاذ القرار تضمن أن وجهات نظر هن تُدرَج في السياسات التي تؤثر على حياتهن. زيادة تمثيل النساء في الحكومات والمناصب العامة ومجالس الإدارة الشركاتية أمر أساسي لتحقيق قيادة متوازنة بين الجنسين.

التعليم والصحة:

الوصول إلى التعليم والرعاية الصحية عالية الجودة أمر أساسي لتمكين النساء. التعليم يفتح أبواب الفرص ويزود النساء بالمهارات اللازمة للمشاركة بشكل كامل في المجتمع. وبالمثل، الوصول إلى رعاية صحية شاملة، بما في ذلك خدمات الصحة الإنجابية، أمر ضروري لرفاهية النساء العامة واستقلاليتهن.

التغيير الاجتماعي والثقافي:

تحقيق المساواة بين الجنسين يتطلب أيضًا تغييرًا في العادات والقيم الاجتماعية والثقافية التي تعيد تأكيد الصور النمطية والتحيزات الجنسية. ويتضمن ذلك حملات

توعية، وبرامج تعليم، ومشاركة الرجال والنساء في مبادرات توعية النوع الاجتماعي. تعزيز ثقافة الاحترام والمساواة هو مفتاح التغيير المستدام.

الاستنتاج:

التقدم في مجال المساواة بين الجنسين وتمكين النساء ليس مجرد واجب أخلاقي بل هو واجب استراتيجي، ضروري لازدهار وتقدم المجتمعات على الصعيدين العالمي والاقتصادي. بينما تظل التحديات قائمة، إلا أن الجهود المشتركة عبر المجالات الاقتصادية والسياسية والاجتماعية والثقافية يمكن أن تحقق تقدمًا كبيرًا. المساواة بين الجنسين ليست مسألة نسائية فقط؛ إنها مسألة إنسانية تؤثر على الجميع.

المقالة 12. التكنولوجيا والتحول الرقمي: التنقل في وجه التحديات من أجل التوازن العالمي والوئام

المقدمة:

جاء ظهور التكنولوجيا والتحول الرقمي ليعيد تشكيل كل جانب من جوانب المجتمع، مقدمًا فرصًا غير مسبوقة بينما يُعَرِّض أيضًا تحديات جديدة. مع دمج هذه التقدمات في حياتنا اليومية، يصبح إدارة تأثيرها على المجتمع والخصوصية والشمول بالغ الأهمية لضمان التوازن العالمي والوئام. تستكشف هذه المقالة تأثيرات التكنولوجيا متعددة الجوانب على عالمنا، مستكشفة التوازن بين استغلال التقدم التكنولوجي وحماية ضد سلبياته المحتملة.

تأثير التكنولوجيا على المجتمع:

قد غيّرت التكنولوجيا الاتصال والرعاية الصحية والتعليم والأعمال، مما دفع بالكفاءة والابتكار. ومع ذلك، تأثيرها على المجتمع ذو حدين. بينما تقدم الاتصال والوصولية، تثير أيضًا مسائل تتعلق بفقدان الوظائف بسبب التشغيل الآلي، والانقسام الرقمي، وتآكل الهياكل الاجتماعية التقليدية. فهم وتخفيف هذه التأثيرات بالغ الأهمية للاستفادة من إمكانيات التكنولوجيا الإيجابية بينما يتم تقليل تأثيراتها السلبية.

الخصوصية في العصر الرقمي:

جلب العصر الرقمي قضايا الخصوصية إلى الصدارة. الكميات الهائلة من البيانات التي تُجمّعها المنصات الرقمية تشكل مخاطر المراقبة وسوء الاستخدام. حماية خصوصية الأفراد تتطلب قوانين قوية لحماية البيانات، ومعايير أخلاقية في التعامل مع البيانات، وزيادة الوعي بين المستخدمين حول آثارهم الرقمية. تحقيق التوازن بين الابتكار التكنولوجي وحقوق الخصوصية أمر بالغ الأهمية للحفاظ على الثقة والأمان في العالم الرقمي.

الشمول والوصولية في التكنولوجيا:

يجب أن يكون التحول الرقمي شاملاً للاستفادة من المجتمع ككل. يتضمن ذلك ضمان الوصول إلى التكنولوجيا في مجموعات اجتماعية مختلفة من حيث الوضع الاقتصادي والمناطق والقدرات. تعديل الانقسام الرقمي ـ الفجوة بين الذين يمتلكون والذين لا يمتلكون وصولًا إلى التكنولوجيا الرقمية والإنترنت ـ أمر بالغ الأهمية. يجب بذل جهود لتوفير حلول تكنولوجية ميسورة التكلفة، وبرامج تعليم رقمية، وتصميم شامل يستوعب الاحتياجات المتنوعة.

الاعتبارات الأخلاقية والاستخدام المسؤول:

مع تزايد تكامل التكنولوجيا في حياتنا، تصبح الاعتبارات الأخلاقية والاستخدام المسؤول أكثر أهمية. ويشمل ذلك معالجة المشكلات الأخلاقية في مجال الذكاء الاصطناعي والتشغيل الآلي، وضمان الشفافية في الخوارزميات، ومنع انتشار المعلومات الخاطئة عبر الإنترنت. تطوير إطار للاستخدام الأخلاقي للتكنولوجيا، مستند إلى آراء متنوعة، ضروري للتحول الرقمي المسؤول.

مستقبل العمل والتشغيل الآلي:

تأثير التكنولوجيا على سوق العمل، خصوصاً من خلال التشغيل الآلي والذكاء الاصطناعي، هو قضية حرجة. بينما يمكن أن تزيد هذه التقدمات من الإنتاجية، إلا أنها تثير أيضًا تحديات بشأن أمان الوظائف ومتطلبات المهارات. تحضير القوى العاملة للمستقبل يتضمن إعادة النظر في برامج التعليم والتدريب، وتعزيز التعلم مدى الحياة، وإنشاء سياسات تدعم العمال في مرحلة التحول.

التعاون العالمي والتنظيم:

إدارة تأثير التكنولوجيا تتطلب التعاون والتنظيم على الصعيدين الوطني والعالمي. يتعين التعاون الدولي لتحديد المعايير، ومشاركة أفضل الممارسات، ومعالجة قضايا عابرة للحدود مثل أمن الإنترنت والخصوصية الرقمية. تطوير سياسات ولوائح شاملة على الصعيدين الوطني والعالمي أمر بالغ الأهمية لتوجيه التحول الرقمي بطريقة تعزز التوازن والوئام.

الاستنتاج:

إن سرعة التقدم التكنولوجي والتحول الرقمي تجلب فرصًا وتحديات على حد سواء. التنقل في هذه الجوانب بفعالية أمر بالغ الأهمية لضمان أن التكنولوجيا تعمل كأداة للتوازن العالمي والوئام، بدلاً من أن تكون مصدرًا للانقسام. من خلال التعامل مع الخصوصية والشمولية والاستخدام الأخلاقي، ومستقبل العمل، يمكننا أن نشكل مستقبلًا رقميًا عادلاً وشاملاً ومفيدًا للجميع.

المقالة 13. الانتقال الى الطاقة ومصادر الطاقة المتجددة: تمهيد الطريق نحو مستقبل مستدام

المقدمة:

الانتقال إلى مصادر الطاقة المتجددة هو جانب حاسم في مكافحة تغير المناخ وضمان الأمن الطاقي على المدى الطويل. مع تصاعد تأثيرات تغير المناخ على العالم، يصبح الانتقال من الوقود الأحفوري إلى مصادر الطاقة المتجددة ليس فقط ضرورة بيئية ولكن أيضًا ضرورة اقتصادية. تناقش هذه المقالة أهمية هذا الانتقال الطاقي، والتحديات والفرص التي يقدمها، والاستراتيجيات المطلوبة لتسريع اعتماد مصادر الطاقة المتجددة على الصعيدين الوطني والعالمي.

ضرورة الانتقال الطاقي:

الاعتماد الحالي على الوقود الأحفوري غير مستدام، حيث يسهم بشكل كبير في انبعاثات الغازات الدفيئة والاحتباس الحراري العالمي. الانتقال إلى مصادر الطاقة المتجددة مثل الطاقة الشمسية والرياح والهيدروجين ضروري للحد من هذه الانبعاثات والتخفيف من تغير المناخ. علاوة على ذلك، الطبيعة المحدودة للوقود الأحفوري تستدعي التحول إلى مصادر طاقة أكثر استدامة لضمان الأمن الطاقي والاستقرار الاقتصادي على المدى الطويل.

التحديات في الانتقال إلى الطاقة المتجددة:

يواجه الانتقال إلى الطاقة المتجددة تحديات عدة، بما في ذلك القيود التكنولوجية والتكاليف الابتدائية العالية واحتياجات البنية التحتية. دمج الطاقة المتجددة في الشبكات الكهربائية القائمة وضمان الإمداد المستمر يشكل تحديات تقنية. الحواجز الاقتصادية، مثل تكلفة تطوير ونشر التكنولوجيات المتجددة، يمكن أن تعرقل التقدم، خصوصاً في البلدان النامية.

الفرص في مجال الطاقة المتجددة:

على الرغم من التحديات، يقدم الانتقال إلى الطاقة المتجددة فرصًا كبيرة. مصادر الطاقة المتجددة تصبح تنافسية من حيث التكلفة بشكل متزايد مع الوقود الأحفوري. يمكن أن يشجع هذا التحول على الابتكار، وخلق صناعات ووظائف جديدة، وتقليل تكاليف الطاقة على المدى الطويل. علاوة على ذلك، يمكن أن تعزز الطاقة المتجددة من الوصول إلى الطاقة في المناطق النائية والمحرومة، مما يسهم في التنمية الاجتماعية والاقتصادية.

السياسة والاستثمار في الطاقة المتجددة:

السياسات والاستثمارات الفعّالة أمور حاسمة لتسريع الانتقال الطاقي. تشجيع الحكومات، مثل الدعم المالي والإعفاءات الضريبية وأسعار الشراء الثابتة، يمكن أن يحفز استثمارات في مشاريع الطاقة المتجددة. السياسات التي تحدد أهدافاً طموحة للطاقة المتجددة واللوائح التي تشجع على كفاءة الطاقة ضرورية أيضًا. بالإضافة إلى ذلك، يمكن أن تدفع الاستثمارات في البحث والتطوير لتحقيق التقدم التكنولوجي وتقليل التكاليف.

التعاون والتعاون الدولي:

التعاون الدولي أمر ضروري لنجاح الانتقال الطاقي العالمي. مشاركة التكنولوجيا والمعرفة وأفضل الممارسات يمكن أن تساعد في التغلب على التحديات المشتركة وتسريع التقدم. الاتفاقات والتعاونات الدولية، مثل اتفاقية باريس، تلعب دورًا حاسمًا في تحديد الأهداف العالمية وتعزيز العمل الجماعي نحو مستقبل طاقي مستدام.

دور الأفراد والمجتمعات:

الأفراد والمجتمعات أيضًا يلعبون دورًا حاسمًا في الانتقال الطاقي. خيارات المستهلكين، مثل اعتماد الأجهزة ذات كفاءة الطاقة ودعم مشاريع الطاقة المتجددة، يمكن أن تدفع بالطلب على الطاقة النظيفة. يمكن أن تمكن مشاريع الطاقة المتجددة التي تستند إلى المجتمع المحلي سكان المناطق المحلية، وزيادة المرونة في مجال الطاقة، وتعزيز حفظ البيئة.

الاستنتاج:

الانتقال إلى الطاقة المتجددة رحلة معقدة وضرورية نحو مستقبل طاقي مستدام وآمن. من خلال التعامل مع التحديات والاستفادة من الفرص، ومن خلال جهود مشتركة من الحكومات والشركات والمجتمعات والأفراد، يمكننا تسريع الانتقال إلى مصادر الطاقة المتجددة. هذا الانتقال ليس فقط حاسمًا لمكافحة تغير المناخ ولكن أيضًا لوضع الأسس للتنمية الاقتصادية والاجتماعية المستدامة.

المقالة 14. الوصول إلى المياه النظيفة والصرف الصحي: ضمان الصحة والكرامة للجميع

المقدمة:

الوصول إلى المياه النظيفة والصرف الصحي أمر أساسي لحياة الإنسان وصحته وكرامته. ومع ذلك، للعديدين حول العالم، هذه الحاجة الأساسية لا تزال غير ملباة، مما يؤدي إلى تحديات كبيرة في مجال الصحة العامة ويؤثر على جودة الحياة. تناقش هذه المقالة أهمية توفير الوصول العالمي إلى المياه النظيفة والصرف الصحي، والتحديات التي تعيق تحقيق هذا الهدف، والاستراتيجيات المطلوبة لضمان هذه الخدمات الأساسية للجميع، مما يسهم في الصحة والرفاهية والتنمية المستدامة.

أزمة المياه العالمية:

أزمة المياه العالمية مميزة بنقص الوصول إلى المياه النظيفة ومرافق الصرف الصحي الآمنة. من العوامل التي تسهم في هذه الأزمة النمو السكاني والتحضر وتغير المناخ وسوء إدارة موارد المياه. ندرة المياه النظيفة تؤدي إلى مشاكل صحية، وتعيق التنمية الاقتصادية، وتفاقم التفاوتات. فهم نطاق وتأثير هذه الأزمة أمر بالغ الأهمية للتدخل الفعال.

تأثيرات نقص المياه والصرف الصحي على الصحة:

نقص المياه النظيفة ونقص الصرف الصحي السليم يؤثران مباشرة على الصحة العامة. المياه الملوثة والصرف الصحي السيئ هما من أسباب انتشار الأمراض مثل الإسهال والكوليرا والتايفوئيد. هذه الحالات تؤثر بشكل مفرط على الأطفال ويمكن أن تؤدي إلى مشاكل صحية مزمنة ووفيات. تحسين المياه والصرف الصحي أمر ضروري لمنع هذه المخاطر الصحية وتحسين الصحة العامة بشكل عام.

تحديات توفير المياه النظيفة والصرف الصحي:

تعيق العديد من التحديات توفير المياه النظيفة والصرف الصحي. تشمل هذه التحديات البنية التحتية المحدودة والفقر وعدم الاستقرار السياسي والعقبات الجغرافية. في العديد من المناطق، خصوصًا في المناطق الريفية والمناطق المتضررة اقتصادياً، يكون الوصول إلى مرافق المياه والصرف الصحي محدودًا بشكل كبير. تجاوز هذه التحديات يتطلب جهودًا متنسقة وحلولاً مبتكرة.

إدارة المياه المستدامة والحفاظ على الموارد:

إدارة المياه المستدامة والحفاظ على الموارد المائية هي مفتاح لمعالجة أزمة المياه. يتضمن ذلك حماية واستعادة مصادر المياه، وتنفيذ ممارسات فعّالة لاستخدام المياه بكفاءة، واعتماد تقنيات لتنقية المياه وإعادة تدويرها. الحكومات والمجتمعات والأفراد لديهم جميعًا دور في الحفاظ على موارد المياه وضمان استخدامها المستدام.

دور السياسة والحوكمة:

السياسات والحوكمة الفعّالة أمران حاسمان لضمان الوصول إلى المياه النظيفة والصرف الصحي. يجب أن تعطي السياسات الأولوية للمياه والصرف الصحي في الأجندات الوطنية، وتخصيص موارد كافية، ووضع إطارات تنظيمية لإدارة المياه. يمكن أيضًا أن يلعب التعاون الدولي دورًا في مشاركة أفضل الممارسات ودعم مشاريع المياه في البلدان النامية.

مشاركة المجتمع والتعليم:

مشاركة المجتمع والتعليم ضروريان لإيجاد حلول مستدامة للمياه والصرف الصحي. يضمن جعل المجتمعات جزءًا من التخطيط والتنفيذ وصيانة مرافق المياه

والصرف الصحي أن هذه الحلول تتماشى مع احتياجات المجتمع المحلي وتكون مستدامة على المدى الطويل. يمكن أن ترفع حملات التوعية الوعي بأهمية المياه النظيفة وممارسات النظافة، مما يعزز الصحة العامة بشكل إضافي.

الختام:

الوصول إلى المياه النظيفة والصرف الصحي ليس مجرد حاجة إنسانية أساسية بل هو حق يرتكز على الصحة والكرامة والتنمية. لمعالجة أزمة المياه العالمية، يتطلب الأمر نهجًا متعدد الجوانب يشمل إدارة مستدامة وسياسات فعّالة ومشاركة المجتمع والتعاون الدولي. من خلال الالتزام بهذه الجهود، يمكننا ضمان أن يصبح الوصول إلى المياه النظيفة والصرف الصحي حقيقة للجميع.

المقالة 15. الأمن الغذائي واستدامة الزراعة: أسس للتغذية العالمية والاستقرار

المقدمة:

ضمان الأمن الغذائي وتعزيز الزراعة المستدامة أمران أساسيان للتغذية العالمية والاستقرار. يشمل الأمن الغذائي ليس فقط الوصول إلى الكمية الكافية والطعام الآمن والغذاء الغني بالعناصر الغذائية فحسب، بل أيضًا استدامة هذه الأنظمة الغذائية. في وجه الزيادة في عدد السكان وتغير المناخ وتدهور البيئة، فإن تحدي الحفاظ على ممارسات الزراعة بينما نضمن الأمن الغذائي أكثر إلحاحًا من أي وقت مضى. تستكشف هذه المقالة الارتباط بين الأمن الغذائي والزراعة المستدامة وأدوارهما في تحقيق التغذية العالمية والاستقرار البيئي.

فهم الأمن الغذائي:

يكون الأمن الغذائي موجودًا عندما يمتلك جميع الأشخاص الوصول الجسدي والاقتصادي إلى كمية كافية وطعام آمن وغني بالعناصر الغذائية لتلبية احتياجاتهم الغذائية وتفضيلاتهم الغذائية. ومع ذلك، يواجه الملايين في جميع أنحاء العالم الأمان الغذائي بسبب عوامل مثل الفقر والنزاع والكوارث الطبيعية. الأمن الغذائي لا يتعلق فقط بتوافر الطعام ولكن أيضًا بجودة وقيمة التغذية للطعام وقابليته للشراء واستدامة النظام الغذائي.

التحديات في تحقيق الأمن الغذائي:

تعيق العديد من التحديات تحقيق الأمن الغذائي. تشمل هذه التحديات تغير المناخ، الذي يؤثر على محاصيل الزراعة وإنتاج الطعام؛ فقدان التنوع البيولوجي؛ تدهور التربة؛ وممارسات الزراعة غير المستدامة. بالإضافة إلى ذلك، تساهم التفاوتات الاقتصادية والبنية التحتية الضعيفة وأنظمة توزيع الطعام غير الفعّالة في عدم تكافؤ الوصول إلى الطعام. يتطلب معالجة هذه التحديات نهجًا متعدد الجوانب يأخذ في الاعتبار العوامل البيئية والاقتصادية والاجتماعية.

ممارسات الزراعة المستدامة:

ممارسات الزراعة المستدامة ضرورية للأمن الغذائي. تشمل هذه الممارسات الأساليب التي تحمي البيئة والصحة العامة والمجتمعات البشرية ورفاهية الحيوانات. تشمل الممارسات المستدامة تنويع المحاصيل، وزراعة المحافظة، وإدارة الآفات المتكاملة، وعلم الزراعة. هذه الممارسات لا تحسن فقط إنتاج الطعام ولكن أيضًا تضمن صحة البيئة على المدى الطويل، وهو أمر حاسم لأمان الطعام المستقبلي.

دور التكنولوجيا والابتكار في الزراعة:

تلعب التكنولوجيا والابتكار دورًا حاسمًا في تعزيز الأمن الغذائي والزراعة المستدامة. التقدم في التكنولوجيا الزراعية، مثل الزراعة الدقيقة والتكنولوجيا الحيوية، وطرق الري المستدامة، يمكن أن يزيد من إنتاج المحاصيل، ويقلل من التأثير البيئي، ويزيد من مقاومة التغير المناخي. ومع ذلك، يجب أن تكون هذه التقنيات متاحة وميسورة التكلفة، خاصة بالنسبة للمزارعين الصغار في البلدان النامية.

سياسات وحوكمة الأمن الغذائي:

السياسات والحوكمة الفعّالة هي مفتاح تحقيق الأمن الغذائي والزراعة المستدامة. يتضمن ذلك إنشاء سياسات تدعم ممارسات الزراعة المستدامة، وضمان اتفاقيات تجارية عادلة، واستثمار في البحث والتطوير الزراعي. يجب أن تركز

السياسات أيضًا على تقليل هدر الطعام، وتحسين أنظمة توزيع الطعام، وزيادة سلامة الطعام ومعايير التغذية.

مشاركة المجتمع والتعليم:

مشاركة المجتمع والتعليم أمور حاسمة في تعزيز الأمن الغذائي والزراعة المستدامة. يجب أن يشارك المجتمعات المحلية، خاصة في المناطق الريفية، في عمليات اتخاذ القرار وممارسات الزراعة المستدامة. يمكن أن تعمل حملات التوعية والتثقيف على توعية الجمهور بأهمية الأنظمة الغذائية المستدامة وتشجيع الخيارات الغذائية الصحية والمستدامة.

الختام:

ضمان الأمن الغذائي وتعزيز ممارسات الزراعة المستدامة أمران ضروريان للتغذية العالمية والاستقرار البيئي. من خلال معالجة التحديات من خلال الابتكار التكنولوجي، والسياسات الفعّالة، ومشاركة المجتمع، يمكننا إيجاد عالم أكثر أمانًا من حيث الطعام مع الحفاظ على مواردنا الطبيعية للأجيال القادمة. الرحلة نحو الأمن الغذائي العالمي هي مسؤولية مشتركة، تتطلب العمل الجماعي والالتزام.

المقالة 16. المساعدة الإنسانية واستجابة أزمة اللاجئين: الوفاء بالمسؤولية الأخلاقية الجماعية

المقدمة:

الاستجابة للأزمات الإنسانية ودعم اللاجئين تمثل إلزامًا أخلاقيًا عميقًا للمجتمع الدولي. في عالم يشهد تصاعد النزاعات والكوارث الطبيعية وعدم الاستقرار السياسي ينزح الملايين، فإن الحاجة إلى المساعدة الإنسانية الفعالة والدعم الرحيم للاجئين أكثر إلحاحًا من أي وقت مضى. تستكشف هذه المقالة تعقيدات الأزمات الإنسانية، والتحديات التي تواجه اللاجئين، والاستراتيجيات الضرورية لتقديم المساعدة الفعالة والدعم، مع إعادة تأكيد التزامنا الجماعي تجاه الإنسانية والرحمة.

فهم الأزمات الإنسانية:

تنشأ الأزمات الإنسانية من مجموعة من الوضعيات بما في ذلك النزاعات المسلحة والكوارث الطبيعية وعدم الاستقرار الاقتصادي الشديد. تؤدي هذه الأزمات إلى معاناة إنسانية كبيرة، تتسم بفقدان الأرواح وتشريد السكان وتدمير سبل العيش. فهم شامل لهذه الأزمات، وأسبابها، وتأثيراتها أمر حاسم لتطوير استراتيجيات استجابة فعّالة وللتقليل من تأثيراتها على السكان الضعفاء.

الوضع العالمي للاجئين:

أزمة اللاجئين العالمية هي جزء رئيسي من الحالات الطارئة الإنسانية. اللاجئون هم أفراد أجبروا على الفرار من بلدانهم بسبب النزاع والاضطهاد أو انتهاكات حقوق الإنسان. غالباً ما يواجهون رحلات خطرة ومستقبل غامض. معاناة اللاجئين ليست مسألة أمنية أو سياسية فقط؛ بل هي قضية إنسانية، تتطلب الشفقة والحماية والدعم من المجتمع العالمي.

التحديات في تقديم المساعدة الإنسانية:

تواجه تقديم المساعدة الإنسانية في حالات الأزمات تحديات كبيرة. تشمل هذه التحديات صعوبات لوجستية، ومخاطر أمنية، وصعوبة الوصول إلى المناطق المتضررة، ونقص التمويل. يتطلب ضمان وصول المساعدة إلى المحتاجين جهودًا منسقة وتخطيطًا فعّالًا وتعاوناً بين الحكومات والمنظمات الدولية والجمعيات الخيرية والمجتمعات المحلية.

دعم اللاجئين والباحثين عن اللجوء:

دعم اللاجئين والباحثين عن اللجوء يتضمن تقديم المساعدة الفورية والدعم على المدى الطويل. يشمل ذلك ضمان الوصول إلى مأوى وطعام ورعاية صحية ودعم قانوني. بالإضافة إلى الاحتياجات الأساسية، من الضروري توفير فرص للتعليم والعمل والاندماج الاجتماعي. احترام كرامة وحقوق اللاجئين مع البحث عن حلول مستدامة لوضعهم هو جانب رئيسي في تقديم الدعم الفعّال.

دور التعاون الدولي والسياسات:

التعاون الدولي والأطُر السياسية الفعّالة أمران أساسيان للتصدي للأزمات الإنسانية ومشكلة اللاجئين. ينطوي ذلك على الالتزام بالقوانين والاتفاقيات الدولية، مثل اتفاقية اللاجئين لعام 1951. من الضروري تضافر الجهود لتوزيع المسؤولية فيما يتعلق بحماية ودعم اللاجئين، مع ضمان عدم تحميل أي دولة عبء غير متناسب.

مشاركة المجتمع والدعاية:

مشاركة المجتمع والدعاية تلعبان دورًا كبيرًا في الاستجابة للأزمات الإنسانية وقضية اللاجئين. زيادة الوعي حول معاناة السكان المتأثرين وتعبئة الموارد أمور

حاسمة. يمكن أن تقدم المجتمعات المحلية دعمًا قيمًا من خلال التطوع والتبرعات والدعاية. مشاركة اللاجئين في هذه الجهود يضمن أن تشكل أصواتهم وتجاربهم استراتيجيات الاستجابة.

الختام:

التصدي للأزمات الإنسانية ودعم اللاجئين ليس مسألة سياسية فقط؛ بل هو واجب أخلاقي يعكس قيمنا كمجتمع عالمي. من خلال الجهود المنسقة والسياسات الرحيمة والالتزام الثابت، يمكننا تقديم المساعدة الفعالة والالتزام بكرامة وحقوق المتضررين من الأزمات. إن تصرفنا الجماعي في هذه الأوقات الصعبة يحدد إنسانيتنا وتضامننا.

المقالة 17. الاستقرار السياسي والحوكمة: أسس لرفاهية المجتمع والتنمية

المقدمة:

تعزيز الاستقرار السياسي وتعزيز الحوكمة المسؤولة أمر ضروري لرفاهية المجتمعات وتنميتها. في عالم متزايد الترابط، تمتد آثار الحوكمة والديناميات السياسية بعيدًا عن الحدود الوطنية، مما يؤثر على السلام العالمي واستقرار الاقتصاد العالمي. تستكشف هذه المقالة أهمية الاستقرار السياسي والحوكمة المسؤولة، من خلال استكشاف كيف تشكل هذه العناصر أساسًا لازدهار المجتمع، وسيادة القانون، وتمكين المواطنين.

أهمية الاستقرار السياسي:

الاستقرار السياسي أمر بالغ الأهمية لتنمية البلد ورفاهية مواطنيه. يوفر بيئة مناسبة للنمو الاقتصادي والتقدم الاجتماعي والاستثمار. تقلل البيئات السياسية

المستقرة من مستوى عدم اليقين، وتعزز صنع السياسات الفعّالة، وتيسر التخطيط على المدى الطويل. وعلى العكس من ذلك، يمكن أن يؤدي عدم الاستقرار السياسي إلى انخفاض في الاقتصاد واضطرابات اجتماعية وانتهاكات لحقوق الإنسان، مما يؤكد على ضرورة هياكل حكم مستقرة

مبادئ الحوكمة المسؤولة:

الحوكمة المسؤولة تتضمن الشفافية والمسؤولية والاستجابة في إدارة الشؤون العامة. إنها تضمن أن أفعال الحكومة وقراراتها تخضع للرقابة ومتسقة مع مصلحة الجمهور. الحوكمة المسؤولة أمر ضروري لمكافحة الفساد، وزيادة الثقة العامة في المؤسسات، وضمان أن الموارد تُستخدم بفعالية لتلبية احتياجات المجتمع.

تحديات الاستقرار السياسي والحوكمة:

عوامل عدة يمكن أن تعرقل الاستقرار السياسي والحوكمة المسؤولة، بما في ذلك الفساد، والمؤسسات الضعيفة، والانقسامات السياسية، والتأثيرات الخارجية. يمكن أن تقوض هذه التحديات سيادة القانون والعمليات الديمقراطية، مما يؤدي إلى فشل في الحكم واضطرابات سياسية. يتطلب التصدي لهذه التحديات إصلاحات شاملة وأُطُر قانونية قوية وتعزيز القيم الديمقراطية.

دور المؤسسات الديمقراطية:

المؤسسات الديمقراطية أساسية للاستقرار السياسي والحوكمة المسؤولة. تشمل هذه المؤسسات حرية الصحافة والسلطة القضائية المستقلة وأنظمة انتخابية عادلة. توفر هذه المؤسسات آليات للتحقق والتوازن، وتضمن تمثيل مصالح متنوعة، وتسهل الانتقالات السلمية للسلطة. تعزيز هذه المؤسسات هو الطريقة لتعزيز الديمقراطية والحوكمة الجيدة.

تعزيز المشاركة والشمولية:

مشاركة المواطنين والشمولية ضروريتان للحوكمة القوية. تشجيع المشاركة المدنية الفعّالة وضمان أن جميع فئات المجتمع، بما في ذلك الأقليات والفئات المهمشة، لهم صوت في عمليات الحوكمة يعزز الديمقراطية. الحوكمة الشاملة لا تعزز الشرعية فقط، بل تضمن أيضًا أن السياسات تعكس الاحتياجات والطموحات المتنوعة للسكان.

التعاون الدولي ودعم الحوكمة:

التعاون الدولي يلعب دورًا كبيرًا في تعزيز الاستقرار السياسي والحوكمة المسؤولة. يمكن أن تساعد المبادرات العالمية والشراكات وبرامج الدعم الدولية البلدان في الانتقالات الديمقراطية وبناء المؤسسات وإجراء إصلاحات في الحوكمة.

يمكن أن توفر المنظمات الدولية والهيئات الإقليمية منصات للحوار ومشاركة أفضل الممارسات والمساعدة التقنية.

الختام:

تعزيز الاستقرار السياسي والحوكمة المسؤولة أمر بالغ الأهمية لرفاهية المجتمع وتنميته. إنه يتطلب التزامًا بمبادئ الديمقراطية، ومؤسسات قوية، ومشاركة المواطنين، والتعاون الدولي. من خلال الأولوية للحكم المستقر والمسؤول، يمكن للمجتمعات تحقيق التنمية المستدامة والسلام والازدهار، مما يعود بالفائدة لمواطنيها ويسهم في استقرار العالم وتقدمه.

المقالة 18. الحفاظ على الثقافة وصون التراث: الحفاظ على الهويات وتعزيز الفهم العالمي

المقدمة:

الحفاظ على التنوع الثقافي والتراث ضروري للحفاظ على تشكيلة الهويات الثقافية الغنية في جميع أنحاء العالم. مع استمرار التأثيرات العالمية والتحولات الحديثة في جميع جوانب المجتمع، يصبح الحفاظ على التراث الثقافي والتقاليد جهدًا ضروريًا. تستكشف هذه المقالة أهمية الحفاظ على الثقافة وصون التراث، مسلطة الضوء على دورهما في الحفاظ على الهويات الثقافية، وتعزيز الفهم والاحترام بين مجتمعات مختلفة، وإثراء حضارتنا العالمية.

أهمية التنوع الثقافي:

التنوع الثقافي يمثل الطرق المتنوعة التي تعبر بها المجتمعات عن هوياتها ومعتقداتها وتقاليدها. إنه مصدر إثراء وابتكار، مساهمًا في التماسك الاجتماعي والصمود. الحفاظ على التنوع الثقافي يساعد في الحفاظ على الطابع الفريد رap والتاريخي للمجتمعات، مضمونًا بأن الأجيال القادمة يمكنها التعلم منه و الاعتزاز بهذا التراث الغني.

تحديات في صون التراث:

يواجه صون التراث تحديات عديدة، بما في ذلك التمدن، وتدهور البيئة، والإهمال. بالإضافة إلى ذلك، تشكل النزاعات المسلحة والكوارث الطبيعية تهديدات كبيرة للمواقع والآثار الثقافية. يمكن أن يؤدي تجاريب التعبير الثقافي أيضًا إلى تخفيف أو تشويه التراث الثقافي. يتطلب معالجة هذه التحديات نهجًا شاملًا يتوازن بين الحفاظ والتنمية المستدامة.

استراتيجيات للحفاظ على الثقافة:

استراتيجيات فعّالة للحفاظ على الثقافة تشمل التوثيق والاستعادة والمشاركة الفعّالة للمجتمعات المحلية. يعد توثيق الممارسات الثقافية واللغات والتقاليد أمرًا حيويًا للحفاظ عليها. تحتاج جهود الاستعادة للمواقع التاريخية والآثار إلى أن تتم بحساسية نحو التقنيات والمواد الأصلية. مشاركة المجتمعات المحلية تضمن أن جهود الحفظ تكون محترمة وتعكس الأهمية الثقافية.

دور التعليم في صون التراث الثقافي:

يلعب التعليم دورًا بارزًا في صون التراث الثقافي. من خلال دمج التراث الثقافي في مناهج التعليم، يمكن للمجتمعات تعزيز فهم واحترام تاريخها وتقاليدها. يمكن أن تشجع البرامج التعليمية المهتمة بزيادة الوعي بأهمية الحفاظ على الثقافة على مشاركة المجتمع ودعمه.

تأثير التكنولوجيا على صون التراث الثقافي:

تقدم التكنولوجيا إمكانيات جديدة لصون التراث الثقافي والتراث. يمكن أن تساعد أرشفة البيانات الرقمية والواقع الافتراضي وإعادة البناء ثلاثي الأبعاد في الحفاظ على المعرفة الثقافية ونشرها. يمكن أن تجعل هذه التقنيات التراث الثقافي أكثر إمكانية، مما يتيح لنا فهمًا واحترامًا أوسع للثقافات المختلفة.

التعاون الدولي في صون التراث:

التعاون الدولي أمر بالغ الأهمية في صون التراث. برنامج مواقع التراث العالمي التابع لليونسكو هو مثال على كيفية أن التعاون العالمي يمكن أن يساعد في الحفاظ على المواقع والمواقع الثقافية والطبيعية الهامة. يمكن أن توفر الجهود

التعاونية الخبرة التقنية والتمويل وزيادة الوعي العالمي بأهمية الحفاظ على التراث الثقافي.

الختام:

الحفاظ على الثقافة وصون التراث ضروري للمحافظة على التنوع والثراء في الثقافات العالمية. من خلال تقدير وحماية تراثنا الثقافي، لا نكرم ماضينا فقط، بل نثري حاضرنا ومستقبلنا أيضًا. جهد الحفاظ على الهويات الثقافية وتعزيز الفهم هو مسؤولية مشتركة، تتطلب الالتزام والتعاون على مستوى محلي وعالمي.

COGNITION
PUBLIC
HEALTH
DRUG POILIC
PREVENTION
TREATMENT

المقالة 19. سياسات مكافحة المخدرات والوقاية من إساءة الاستخدام: نهج شامل للصحة العامة

المقدمة:

إن مواجهة إساءة استخدام المواد وإدمانها تُعترف بشكل متزايد كأمر ضروري للصحة العامة. إن تأثير سوء استخدام المخدرات يتجاوز الأفراد ليشمل الأسر والمجتمعات والمجتمعات بأكملها، مما يجعل السياسات الفعّالة للمخدرات واستراتيجيات الوقاية منها أمورًا حيوية. تستكشف هذه المقالة تعقيدات سوء استخدام المواد، والحاجة إلى سياسات مكافحة المخدرات الشاملة، واستراتيجيات مكافحة سوء استخدام المواد وعلاجها بفعالية، مؤكدة على النهج المتوازن الذي يجمع بين إنفاذ القانون والصحة العامة والخدمات الاجتماعية.

فهم سوء استخدام المواد والإدمان:

ينطوي سوء استخدام المواد على الاستخدام الضار أو الخطير للمواد النفسية النشطة، بما في ذلك الكحول والمخدرات غير المشروعة. الإدمان، وهو جزء من سوء استخدام المواد، هو حالة معقدة تتميز بالبحث النفسي القهري عن المخدرات واستخدامها على الرغم من التبعات الضارة. يتأثر بمجموعة من العوامل الوراثية والبيئية والاجتماعية. فهم الطبيعة المتعددة لسوء استخدام المواد والإدمان أمر حيوي لتطوير تدخلات فعّالة.

تحديات في سياسات المخدرات والوقاية من سوء الاستخدام:

إن إنشاء سياسات مخدرات فعّالة وبرامج وقاية من سوء الاستخدام يواجه تحديات عديدة. تشمل هذه معالجة أسباب سوء الاستخدام، مثل عدم المساواة الاجتماعية ونقص التعليم ومشكلات الصحة النفسية. تشمل التحديات الأخرى مكافحة تجارة المخدرات غير القانونية، وضمان الوصول إلى علاج الإدمان، والحد من الوصم المرتبط بسوء الاستخدام.

أطُر السياسات الفعّالة للمخدرات:

تتطلب السياسات الفعّالة للمخدرات إطارًا شاملاً يتوازن بين الوقاية والعلاج والإنفاذ. يتضمن ذلك تنفيذ برامج وقاية مستندة إلى الأدلة، وتوفير الوصول إلى خدمات علاج عالية الجودة، وضمان ممارسات إنفاذ القانون عادلة وإنسانية. يجب أن تتضمن السياسات المتعلقة بالمخدرات أيضًا استراتيجيات تقليل الأذى، مثل برامج تبادل الإبر وخدمات الاستهلاك تحت الإشراف.

دور الوقاية والتعليم:

الوقاية والتعليم هما عنصران رئيسيان في استراتيجيات مكافحة سوء الاستخدام. يمكن لبرامج التوعية في المدارس والمجتمعات زيادة الوعي بمخاطر سوء الاستخدام وتعزيز اختيارات نمط حياة صحية. تشمل جهود الوقاية أيضًا معالجة عوامل الخطر مثل الفقر والصدمة وضغوط الأقران، وتعزيز العوامل الحمائية مثل الروابط الأسرية القوية والدعم الاجتماعي.

خدمات العلاج والتأهيل:

الوصول إلى خدمات العلاج والتأهيل عالية الجودة ضروري للأفراد الذين يكافحون مع سوء الاستخدام والإدمان. يجب أن تتضمن هذه الخدمات مجموعة من خيارات العلاج، مثل الاستشارة والعلاج المساعد بالأدوية والرعاية في المؤسسات. يجب أن تركز برامج التأهيل على التعافي الشامل، ومعالجة ليس فقط الإدمان بل أيضًا قضايا الصحة النفسية الكامنة وإعادة التواصل الاجتماعي.

التعاون الدولي وتوحيد السياسات:

التعاون الدولي وتوحيد السياسات مهمان في معالجة الطابع العالمي لمشكلة المخدرات. يمكن أن تعزز الجهود التعاونية مراقبة المخدرات ومشاركة أفضل الممارسات في مجال الوقاية والعلاج، ودعم البلدان التي تمتلك موارد محدودة. يجب أن تحترم الأطُر السياسية الدولية المتعلقة بالمخدرات حقوق الإنسان وتركز على النتائج الصحية العامة.

الختام:

معالجة سوء استخدام المواد والإدمان تتطلب نهجًا شاملاً للصحة العامة يجمع بين الوقاية والعلاج وإنفاذ القانون. من خلال اعتماد سياسات متوازنة للمخدرات، وتوفير برامج تعليم ووقاية فعّالة، وضمان الوصول إلى العلاج عالي الجودة، يمكن للمجتمعات التخفيف من تأثير سوء استخدام المواد. يستفيد هذا النهج ليس فقط الأفراد بل أيضًا يسهم في صحة ورفاهية المجتمعات والمجتمعات بأكملها.

استكشاف الفضاء والاستكشاف المستدام: تحقيق التوازن بين التقدم العلمي والأولويات الأرضية

المقدمة:

استكشاف الفضاء، الذي يعد رمزًا للتقدم العلمي والتكنولوجي، يقدم رؤى عميقة حول الكون ومكاننا فيه. ومع ذلك، في سياق الاحتياجات العالمية الفورية مثل الفقر وأزمات الصحة والتحديات البيئية، يطرح تفضيل استكشاف الفضاء أسئلة مهمة. تستكشف هذه المقالة دور وأهمية استكشاف الفضاء في عالمنا اليوم، وتزن فوائده مقابل الاحتياجات العاجلة على الأرض، وتناقش كيف يمكن دمج التنمية المستدامة مع جهود استكشاف الفضاء.

أهمية استكشاف الفضاء:

أدى استكشاف الفضاء إلى اكتشافات علمية رائدة حول الكون والأرض والحياة المحتملة خارج كوكبنا. لقد تقدمت التكنولوجيا وتعززت التعاون الدولي وألهمت الأجيال. المعرفة المكتسبة من استكشاف الفضاء لها تطبيقات عملية، تعزز فهمنا لتغير المناخ والكوارث الطبيعية وحماية البيئة، مما يسهم غير مباشر في معالجة بعض التحديات الأرضية العاجلة.

تحديات تفضيل استكشاف الفضاء:

تعتبر تفضيل استكشاف الفضاء في مواجهة التحديات العالمية الفورية قضية معقدة. يمكن رؤية الاستثمار في مهام الفضاء على أنه يحول الموارد عن المجالات الحرجة مثل الرعاية الصحية والتعليم وحماية البيئة. وعلاوة على ذلك، يثير الحطام الفضائي وتمكين الفضاء من الاستخدامات العسكرية المحتملة تحديات جديدة، مما يثير مخاوف بشأن استدامة استكشاف الفضاء والمسائل الأخلاقية المرتبطة به.

تحقيق التوازن بين استكشاف الفضاء والاحتياجات الأرضية:

تحقيق التوازن بين متابعة استكشاف الفضاء ومعالجة الاحتياجات الفورية للأرض يتطلب نهجًا معقدًا. يتضمن ذلك تقييم فوائد البحث الفضائي على المدى الطويل مقابل ضرورة التحديات العالمية. يمكن للاستثمار في تكنولوجيا الفضاء أن يكمل الجهود المبذولة لمواجهة مشكلات الأرض، على سبيل المثال، من خلال رصد الأقمار الصناعية للتغيرات البيئية وإدارة الموارد الطبيعية.

ممارسات مستدامة في استكشاف الفضاء:

تعد الممارسات المستدامة أمرًا أساسيًا في استكشاف الفضاء. يتضمن ذلك تقليل حجم الحطام الفضائي، وتعزيز استخدام الفضاء للأغراض السلمية، وضمان أن الأنشطة الفضائية لا تؤثر بشكل ضار على البيئة الأرضية. تطوير إطار توجيهي دولي والتعاون للحفاظ على استكشاف الفضاء بشكل مستدام ضروري في هذا الصدد.

دور القطاعين العام والخاص:

يلعب القطاعان العام والخاص أدوارًا كبيرة في استكشاف الفضاء. بينما قامت وكالات الفضاء التي تمولها الحكومة مثل ناسا والوكالة الفضائية الأوروبية بقيادة المهام الفضائية التاريخية، فإن الشركات الخاصة مثل SpaceX وBlue Origin تسهم بشكل متزايد في استكشاف الفضاء. التعاون بين الكيانات العامة والخاصة يمكن أن يحسن من استخدام الموارد والابتكار في تكنولوجيا الفضاء.

مستقبل استكشاف الفضاء وتأثيره على البشرية:

مستقبل استكشاف الفضاء، الذي يشمل مهمات إلى المريخ وتعدين الكويكبات والبحث عن حياة خارج الأرض، يحمل إمكانيات ضخمة للانفجارات العلمية

والتكنولوجية. الطريقة التي ندير بها وندمج فيها استكشاف الفضاء في أولوياتنا العالمية ستؤثر بشكل كبير على قيمته وأهميته للإنسانية.

الختام:

يظل استكشاف الفضاء مسعى هامًا للتقدم العلمي والتكنولوجي. ومع ذلك، يجب تحقيق التوازن بين التفرغ لاستكشاف الفضاء وبين الاحتياجات الفورية لكوكبنا. من خلال دمج الممارسات المستدامة ومواكبة البحث الفضائي مع تحديات الأرض، يمكننا التأكد من أن استكشاف الفضاء يسهم بشكل إيجابي في التنمية العالمية ورفاهية البشرية.

~ ~ ~ ~ ~ ~

الختام:

مع اختتام استكشافنا للمشهد العالمي الشاسع والمتنوع من التحديات والحلول، يصبح واضحًا أن الطريق الذي نمضيه إلى الأمام، على الرغم من تعقيده، مليء أيضًا بفرص للتغيير والتقدم ذو الأهمية. القضايا التي تناولناها، بدءًا من تغير المناخ إلى استكشاف الفضاء، ومن أزمة اللاجئين إلى الحفاظ على التراث الثقافي، ليست قضايا معزولة. بدلاً من ذلك، فهي مترابطة بشكل معقد، تعكس الترابط العميق لمجتمعنا العالمي.

تعتبر هذه المجموعة من المقالات تذكيرًا بأن الحلول لهذه التحديات ليست في العزلة بل في عملنا الجماعي، والفهم، والتعاطف. كما رأينا، فإن قضايا عصرنا تتطلب نهجًا متعدد التخصصات، حيث يلتقي العلم والتكنولوجيا بالسياسة

والأخلاق، حيث تؤثر الإجراءات المحلية في النتائج العالمية، وحيث تتقاطع المسؤولية الفردية مع الحكم الجماعي.

في التنقل في هذه التحديات، هناك حاجة إلى قيادة رؤية ولكن عملية، وسياسات قوية ولكن مرنة، ومجتمعات متنوعة ولكن موحدة في أهدافها. نذكر بأن كل جهد يحسب، من الاختيارات الفردية إلى الاتفاقيات الدولية، من المبادرات المحلية إلى التعاونات العالمية.

بينما نتقدم في العمل، دعونا نحمل معنا الدروس التي تعلمناها والتحولات التي اكتسبناها. دعونا نتبنى روح الابتكار، والالتزام بالاستدامة، وروح المسؤولية المشتركة. معًا، يمكننا أن نمهد الطريق نحو مستقبل يكون فيه الاستدامة والمرونة ليس فقط عادلين ولكن أيضًا عادلين للجميع.

~ ~ ~ ~ ~

Always grateful,
Kevin   James   Joseph
McNamara

~ ~

#KevinJamesJosephMcNamara
#KevinJJosephMcNamara
#KevinJJMcNamara

التحديات العالمية والحلول: نظرة شاملة "الأولويات العالمية: مواجهة التحديات الحرجة من أجل عالم أفضل"